9급 공무원 영어 시험대비

박문각 공무원

특별판

진가영 영어

진가영 편저

신경향 어휘 마스터

신경향 어휘 집중 공략 문제집!

"2025년 출제 기조 전환 어휘 문제
[빈칸추론유형] 완벽 분석 및 완전 정복"

동영상 강의 www.pmg.co.kr

PREFACE

머리말

수험생들에게 최고의 교재가 될
신경향 어휘 마스터를 펴내며...

"안녕하세요, 여러분들의 단기합격 길라잡이 진가영입니다."

2025년 출제 기조 전환에 따른 공무원 시험에서 영어 영역 20문제 중 총 2문제가 어휘 문제로 출제될 것으로 보이고 13문제가 독해 문제로 출제될 것으로 보입니다. 그러므로 **어휘 문제와 독해 문제를 풀기 위해서는 어휘 암기의 중요성**은 아무리 강조해도 지나치지 않습니다.

어휘의 중요성이 강조되는 시험인 만큼 어휘 암기가 공무원 시험 준비 과정에서 꾸준히 이루어져야 합니다. 하지만 어휘를 매일 규칙적으로 외우는 것은 쉬워 보이지만 쉽지 않은 일이고 어휘의 휘발성 때문에 단어 암기를 금방 포기하게 되는 것이 현실입니다.

이러한 어려움을 해결하기 위해서는 어휘를 학습한 이후에는 효율적인 암기를 위하여 문제를 풀어 보는 것이 필요합니다. 또한 이번 시험 출제 기조 전환에 따라 새로운 어휘 문제 유형에 적응해서 빠르고 정확하게 문제를 풀기 위해서는 반드시 양질의 교재를 통해 **제대로 된 어휘 문제 풀이법을 학습하고 적용해 보는 것이 중요**합니다.

따라서, 여러분들의 단기합격 길라잡이로서, 여러분들이 현명하게 출제 기조 전환이 이뤄지는 시험에 완벽하게 대비할 수 있도록 **체계적으로 시험 출제될 수 있는 어휘들을 암기하는 것을 도울 뿐만 아니라 신경향 어휘 문제들을 연습할 수 있는 교재가 필요**하다고 생각했고 그 결과 출간하게 된 교재가 바로 **신경향 어휘 마스터** 입니다.

진가영 영어연구소 | cafe.naver.com/easyenglish7

진가영 영어 **신경향 어휘 마스터**
교재가 가지는 장점은 다음과 같습니다.

- 최고의 적중률을 자랑하는 단기합격 VOCA에 수록된 어휘들로 구성한 문제를 통해 중요한 어휘 학습 가능
- 신경향 어휘 문제 풀이법을 배우고 실제 문제에 적용함으로써 빠르고 정확하게 문제 푸는 연습 가능
- 시험에 출제될 수 있는 어휘들을 문제 풀이를 함으로써 학습의 효율성 극대화 가능

여러분들이 이 질 좋은 문제들을 통해서 매일 꾸준히 연습하시고 강의와 병행하신다면 남들보다 더 빠르게 어휘를 암기할 수 있고 시험장에서 정확하고 빠른 해석을 통해 영어 100점을 받을 수 있을 것이라 자신합니다.

여러분들의 노력이 반드시 합격으로 이어지도록 현명한 길라잡이로서 더 좋은 모습으로 수업을 통해 뵙도록 하겠습니다.

여러분이 단기합격을 이루길 항상 응원합니다.

Dreams come true!
꿈은 반드시 이루어진다!

2024년 6월
진심을 다해 가르치는 영어 - 진가영

2025 출제 기조 전환

2025년도 출제 기조 전환 "핵심 내용"

"지식암기 위주에서 현장 직무 중심으로 9급 공무원 시험의 출제 기조가 바뀐다"

인사혁신처가 출제하는 9급 공무원 시험 국어·영어 과목의 출제 기조가 2025년부터 전면 전환됩니다. 인사혁신처 처장은 '2023년 업무보고'에서 발표했던 인사처가 출제하는 9급 공무원 시험의 '출제 기조 전환'을 2025년부터 본격 추진한다고 밝혔습니다.

'출제 기조 전환'의 핵심내용은 지식암기 위주로 출제되고 있는 현행 9급 공무원 시험 국어·영어 과목의 출제 기조를 직무능력 중심으로 바꾸고, 민간 채용과의 호환성을 강화하는 것입니다. 현장 직무 중심의 평가를 위해 영어 과목에서는 실제 업무수행에 필요한 실용적인 영어능력을 검증하고자 합니다. 특히 영어 과목에서는 실제 활용도가 높은 어휘를 주로 물어보고 어법의 암기를 덜 요구하는 방식이고, 전자메일과 안내문 등 업무 현장에서 접할 수 있는 소재와 형식을 적극 활용한 문제들로 구성될 것으로 보입니다.

이를 바탕으로 인사혁신처는 종합적 사고력과 실용적 능력을 평가하게 되는 출제 기조 전환으로 공직에 더 적합한 인재를 선발할 수 있고, 공무원과 민간부문 채용시험 간 호환성 제고로 청년들의 시험 준비 부담이 감소되고 우수한 인재가 공직에 보다 더 지원할 것으로 기대하고 있습니다.

2 2025년 "현명한" 신경향 공무원 영어 학습 전략

신경향 어휘 학습

출제 기조 전환 전에는 유의어 유형을 많이 물어보고 단순 암기로 인하여 문제 푸는 시간 또한 절약할 수 있었습니다. 하지만 2025년 출제 기조 전환 예시문제를 보면 어휘는 빈칸 유형으로만 구성된 것으로 보아 **제시문의 맥락을 고려하고 정확한 단서를 찾은 후에 빈칸 안에 어떤 어휘가 적절한 것인지 찾는 훈련과 연습**이 반드시 필요합니다.

신경향 문법 학습

출제 기조 전환 전에는 문법 문제들이 박스형, 문장형, 영작형으로만 구성되었지만 출제 기조 전환 발표 중 일부인 민간 채용과의 호환성을 강화하는 취지로 **TOEIC, TEPS 시험에서 잘 나오는 빈칸 유형이 문법 문제로 새로 추가되었습니다.** 이런 유형들은 기존의 유형들과 확실하게 다른 접근법으로 문제를 풀어야 하므로 **문법 파트별로 체계적인 이론 정리와 더불어 다양한 문제들을 많이 풀어보고 문제 풀이 전략을 정확하고 확실하게 배워야 합니다.**

신경향 독해 학습

출제 기조 전환 전에는 1지문 1문제로 구성되고 각 선지들이 지문에 맞는지, 안 맞는지만 판단하기만 하면 되었지만 **2025년 출제 기조 전환 예시문제를 보면 독해 유형에 세트형이 2문제**로 구성되어 있습니다. 세트형이라고 난도가 더 올라갔다고 보기는 어렵지만 **다소 생소한 형식의 문제 유형이 출제되면 수험생들이 당황하기가 쉬우므로 신유형 독해 문제인 전자메일과 안내문, 홈페이지 게시글 등의 형식들에 대한 체계적인 학습을 통해 빠르고 정확하게 푸는 전략을 체화시켜야 합니다.** 이와 같은 형식으로 단일 지문으로 구성되기도 하니 특히 많은 훈련이 필요한 영역입니다.

REVIEW 후기

가영쌤과 점수 수직 상승을 만들어 낸 "생생한" 수강후기

★★★★★ 2024년 일반농업직 영어 100점

**주

3번 도전 끝에 마지막이라고 생각한 시험에서 다행히도 최종합격이라는 좋은 결과를 얻을 수 있었습니다. 제가 이번 **국가직에서 최종합격 할 수 있었던 이유는 진가영 선생님 덕분입니다!** 이번 국가직 영어가 어렵게 출제가 되었지만 **가영쌤을 믿고 따른 결과 100점이라는 성적을 거둘 수 있었습니다.** 혹시라도 영어 강의 선택을 앞두고 계신 분들이 있다면 무.조.건. 진.가.영. 영.어.를 선택하시길 바랍니다! **내년에 바뀌는 시험에서도 안전하게 여러분들을 합격까지 인도해 주실 것입니다.**

★★★★★ 2024년 사회복지직 영어 100점

**화

I cannot thank you enough♥ 시험을 준비하면서 나름의 소소한 목표 중 하나가 영어 시험을 잘 봐서 가영쌤한테 제가 먼저 올해 영어 잘 봤다고 연락드리는 거였는데, 드디어 그 목표를 이룰 수 있게 되어서 너무 기뻐요! 처음 박문각 와서 하프 들었을 때 3,4개 맞기도 하고 그랬던 적이 있었는데~ **쌤과 열심히 함께 달렸더니 95점이라는 이런 좋은 점수를 받았습니다. 영어는 제 발목을 잡는 과목 중 하나여서 처음부터 끝까지 긴장을 놓지 않고 제일 큰 비중을 두고 공부한 과목이었습니다. 이번 지방직에서 단어, 문법, 생활영어까지 쌤과 함께 공부했던 범위 내에서 계속 반복하며 공부했던 부분들이라 신속하고 정확하게 풀 수 있어 시간 절약을 했던 것 같아요!** 다 가영쌤과 함께한 덕분이에요!

★★★★★ 2024 일반행정직 영어 100점

**선

영어 100점은 진짜 운이라고 생각했는데 선생님 만나고 나서 이게 진짜 실력으로 된다는 걸 알았어요. 단어 미친 반복으로 겨우 다 외우고 문법도 단판승 3시간 너무 좋았고 독해는 그 200제가 정말 좋았어요. 제가 국가직 영어 35분 걸려서 정말 선생님도 찾아뵈고 걱정 많이 했는데 **이번 지방직은 20분 컷해서 정말 좋았어요.** 언제나 감사합니다!!

★★★★★ 2024 일반행정직 영어 95점

**경

공시 시작하고 가영쌤을 만나서 영어 공부도 즐겁게 할 수 있었고 95점이라는 고득점도 해볼 수 있었고 항상 최선을 다하시는 모습을 보면서 많이 본받아야겠다 생각했습니다. 나태해질 때마다 쌤을 보면서 힘을 얻었고 앞으로도 제가 많이 존경하고 진심으로 응원할 영원한 제 1타 강사 가영쌤♥ 건강 잘 챙기시고 곧 태어날 아이와 가족들 또 주변 사람들과 행복한 순간만 앞으로 더 가득하시면 좋겠어요♥ 서울 가게 되면 인사드리러 꼭 갈게요!! 쌤이랑 함께한 시간들 항상 소중했어요❤ I cannot thank you enough♥

★★★★★ 공무원 영어 점수 상승의 구원자 가영쌤

문*정

영어단어는 외우면 다음날 까먹고 누적해서 매일 외우려고 노력했지만 좀처럼 머리에 남는 것이 없었어요. 박문각패스를 끊고 혹시 영어 단어 강의는 없을까? 하며 둘러보던 중 가영쌤의 단어 강의를 보게 되었어요. 맛보기로 강의를 들어보았는데 이게 웬걸, **강의를 한번 듣기만 했는데도 몇몇 단어가 기억에 남는 건 처음이었어요. 정말 가영쌤 아니었으면 영어 때문에 공시를 포기하지 않았을까 생각해요.**

★★★★★ 진가영쌤 독해 필수 어휘 수강, 실강 후기

김*생

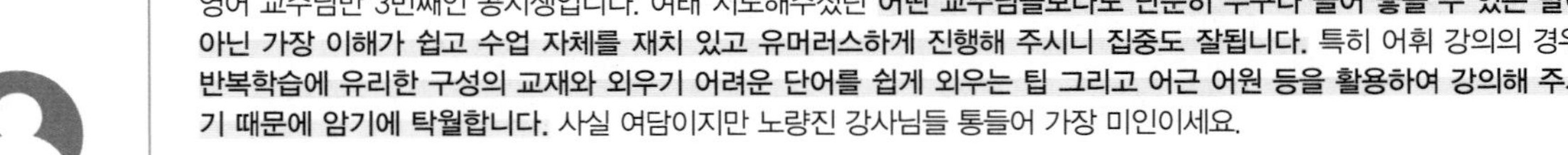

영어 교수님만 3번째인 공시생입니다. 여태 지도해주셨던 **어떤 교수님들보다도 단순히 누구나 늘어 놓을 수 있는 말이 아닌 가장 이해가 쉽고 수업 자체를 재치 있고 유머러스하게 진행해 주시니 집중도 잘됩니다.** 특히 어휘 강의의 경우, **반복학습에 유리한 구성의 교재와 외우기 어려운 단어를 쉽게 외우는 팁 그리고 어근 어원 등을 활용하여 강의해 주시기 때문에 암기에 탁월합니다.** 사실 여담이지만 노량진 강사님들 통틀어 가장 미인이세요.

커리큘럼

2025 출제 기조 전환 대비 단기합격 커리큘럼 영상

2025년
신경향(New Trend)
정규 커리큘럼

합격을 위한 필수 과정

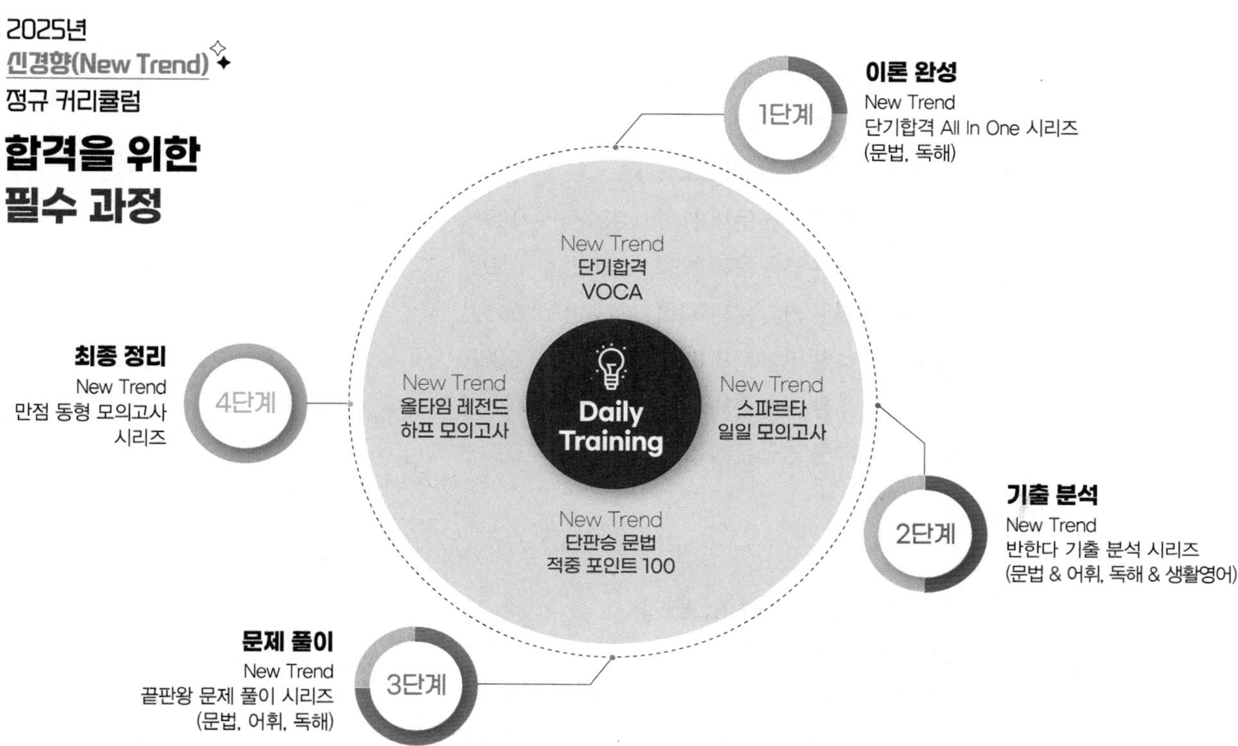

2025년
신경향(New Trend)
보완 커리큘럼

합격을 위한 선택 과정

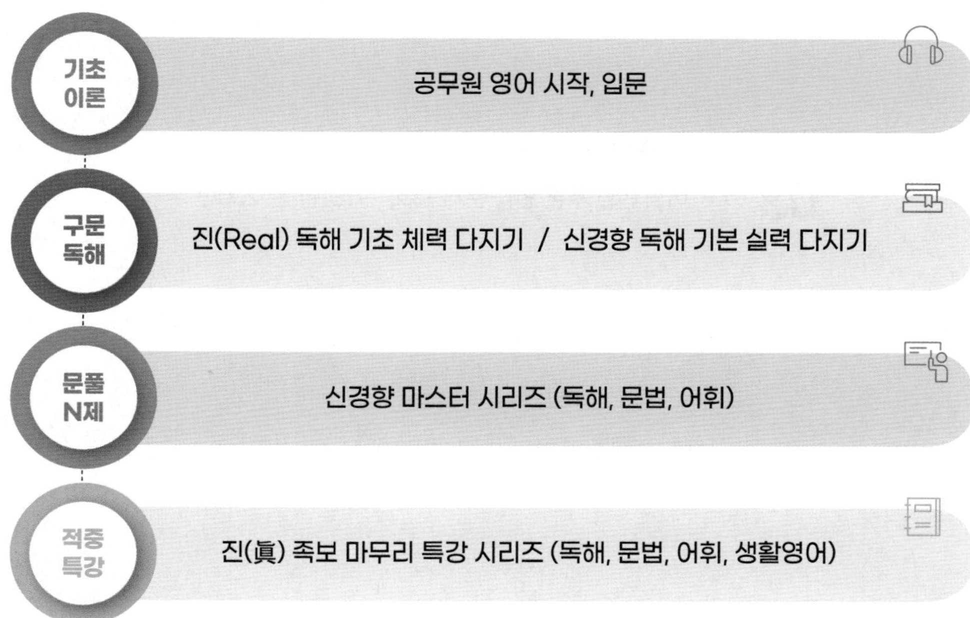

CONTENTS

차례

Part 01 공무원 필수 어휘 마스터

공무원 필수 어휘 마스터

어휘 빈칸 추론 문제 풀이 연습 1회

제한시간 문제당 1분

[001~015] 밑줄 친 부분에 들어갈 말로 가장 적절한 것을 고르시오.

001

Despite the long distance and time apart, their ___________ for each other grew much stronger, evident in the heartfelt letters they exchanged.

① department
② affection
③ custom
④ conscience

002

Although team members initially had different viewpoints, they ultimately reached a ___________ that helped finalize the project's direction and objectives.

① expertise
② destination
③ framework
④ consensus

003

The main ___________ for the scholarship was leadership potential, making it a distinguishing factor among the many qualified applicants.

① criterion
② article
③ capital
④ boundary

004

The ancient ___________, standing tall among the modern cityscape, served as a reminder of the civilization's once-great achievements and contrasted with today's rapid technological advances.

① illusion
② monument
③ instance
④ edge

001 ②

난이도

단서 어휘 빈칸 추론 공식 ❶ 역접 또는 대조의 연결어가 나오면 반대 어휘 확인

Despite the long distance and time apart

어휘 빈칸 추론 공식 ❷ 역접이나 대조의 내용이 아니라면 맥락에 어울리는 비슷한 어휘 확인

evident in the heartfelt letters

어휘 department 부서, 학과, 분야
affection 애착, 애정
custom 관습, 풍습, 관세(pl.), 세관(pl.)
conscience 양심, 의식

해석 긴 거리와 오랜 시간 떨어져 있음에도 불구하고, 그들의 서로에 대한 애정은 훨씬 강해졌고, 이는 그들이 주고받은 진심 어린 편지에서 분명히 드러났다.

002 ④

난이도

단서 어휘 빈칸 추론 공식 ❶ 역접 또는 대조의 연결어가 나오면 반대 어휘 확인

Although team members initially had different viewpoints

어휘 빈칸 추론 공식 ❷ 역접이나 대조의 내용이 아니라면 맥락에 어울리는 비슷한 어휘 확인

that helped finalize

어휘 expertise 전문 지식
destination 목적지
framework 뼈대, 틀, 체계
consensus 합의, (의견) 일치

해석 팀원들이 처음에는 서로 다른 관점을 가졌지만, 그들은 결국 프로젝트의 방향과 목표를 확정하는 데 도움을 준 합의에 도달했다.

003 ①

난이도

단서 어휘 빈칸 추론 공식 ❷ 역접이나 대조의 내용이 아니라면 맥락에 어울리는 비슷한 어휘 확인

leadership potential, making it a distinguishing factor

어휘 criterion 기준, 표준
article 글, 기사, 물건, (문법) 관사
capital 자본, 수도, 대문자, 주요한, 사형의
boundary 경계

해석 장학금의 주요 기준은 리더십 잠재력으로, 많은 자격이 있는 지원자들 중에서 구별할 수 있는 요소가 되었다.

004 ②

난이도

단서 어휘 빈칸 추론 공식 ❷ 역접이나 대조의 내용이 아니라면 맥락에 어울리는 비슷한 어휘 확인

standing tall ~, served as a reminder

어휘 illusion 환상, 착각
monument 기념물
instance 사례, 경우
edge 가장자리, 모서리, 우세, 강점

해석 현대 도시 풍경 속에 우뚝 선 그 고대 기념물은 문명의 한때 위대한 업적을 상기시키는 역할을 했다.

005

His relentless ___________ for power ultimately led to his downfall, contrasting sharply with his initial promise to prioritize the welfare of the community over personal gain.

① celebrity
② grief
③ goods
④ greed

006

The ___________ of essential nutrients in his diet resulted in chronic health issues, highlighting the critical importance of balanced nutrition for overall well-being.

① archive
② defense
③ addict
④ deficiency

007

The historic __________ thrived with tourists, unlike the industrial area nearby, which struggled to attract visitors due to its declining economic condition.

① district
② entry
③ jury
④ boundary

008

The government's budget ___________ increased significantly and it caused concern among citizens who feared the long-term effects on public services and national debt.

① motion
② attention
③ deficit
④ capital

005 ④

난이도

단서 어휘 빈칸 추론 공식 ❶ 역접 또는 대조의 연결어가 나오면 반대 어휘 확인

contrasting ~ to prioritize the welfare

어휘 빈칸 추론 공식 ❷ 역접이나 대조의 내용이 아니라면 맥락에 어울리는 비슷한 어휘 확인

led to his downfall

어휘 celebrity 유명 인사 / grief 큰 슬픔, 비통
goods 상품, 재산 / greed 탐욕, 욕심

해석 권력에 대한 그의 끊임없는 탐욕은 결국 그의 몰락으로 이어졌으며, 개인적 이익보다 지역사회의 복지를 우선하겠다는 그의 초기 약속과 크게 대조되었다.

006 ④

난이도

단서 어휘 빈칸 추론 공식 ❷ 역접이나 대조의 내용이 아니라면 맥락에 어울리는 비슷한 어휘 확인

resulted in chronic health issues

어휘 archive 기록 보관소, 기록(pl.) / defense 방어, 수비
addict 중독자, 중독되게 하다 / deficiency 결핍, 결함

해석 그의 식단에서 필수 영양소의 결핍은 만성 건강 문제를 초래했으며, 전반적인 건강을 위해 균형 잡힌 영양의 중요성을 강조했다.

007 ①

난이도

단서 어휘 빈칸 추론 공식 ❶ 역접 또는 대조의 연결어가 나오면 반대 어휘 확인

unlike the industrial area nearby

어휘 빈칸 추론 공식 ❸ 추론 단서가 명확하지 않을 때는 단어를 직접 넣어서 맥락상 적절한 어휘 확인

- The historic district thrived with tourists ~ 역사적 지역은 관광객들로 번창했다 → 적절함
- The historic entry thrived with tourists ~ 역사적 입장은 관광객들로 번창했다 → 어색함
- The historic jury thrived with tourists ~ 역사적 배심원단은 관광객들로 번창했다 → 어색함
- The historic boundary thrived with tourists ~ 역사적 경계는 관광객들로 번창했다 → 어색함

어휘 district 지역, 지방 / entry 입장, 출입, 들어감, 참가
jury 배심원단, 심사원, 심사하다 / boundary 경계

해석 그 역사적 지역은 쇠퇴한 경제 상태로 인해 방문객을 끌어들이는 데 어려움을 겪는 인근의 산업 지역과 달리 관광객들로 번창했다.

008 ③

난이도

단서 어휘 빈칸 추론 공식 ❷ 역접이나 대조의 내용이 아니라면 맥락에 어울리는 비슷한 어휘 확인

and it caused concern ~ feared

어휘 motion 움직임, 운동, 동작 / attention 주의, 주목
deficit 적자, 결손 / capital 자본, 수도, 대문자, 주요한, 사형의

해석 정부의 예산 적자가 크게 증가했고, 그것은 시민들은 공공 서비스와 국가 부채에 대한 장기적인 영향을 우려한 시민들의 걱정을 유발했다.

009

His mastery of ___________ was evident in the fine details of his handmade jewelry, which stood out against the backdrop of mass-produced, impersonal products.

① literature
② foundation
③ craft
④ advantage

010

Despite having extensive experience, he found that obtaining a specific ___________ was necessary to advance in his career within the highly regulated industry.

① faculty
② currency
③ certificate
④ discourse

011

Success in his field was attributed to his strict ___________, which involved long hours of study and practice, contrasting with his peers' more relaxed approach.

① commerce
② dimension
③ hazard
④ discipline

012

In spite of the adversity he faced, he handled the situation with remarkable ___________, maintaining his composure and earning the respect of those around him.

① dignity
② mechanism
③ fraction
④ estate

009 ③

난이도

단서 어휘 빈칸 추론 공식 ❷ 역접이나 대조의 내용이 아니라면 맥락에 어울리는 비슷한 어휘 확인

His mastery of ~ in the fine details of his handmade jewelry

어휘 literature 문학 / foundation 토대, 기초, 창설, 설립
craft 공예, 기술, 공들여 만들다 / advantage 장점, 유리한 점

해석 그의 공예에 대한 통달은 대량 생산된 비개인적인 제품들 속에서 돋보이는 그의 수제 보석의 세밀한 부분에서 분명히 드러났다.

010 ③

난이도

단서 어휘 빈칸 추론 공식 ❶ 역접 또는 대조의 연결어가 나오면 반대 어휘 확인

Despite having extensive experience

어휘 faculty 능력, 재능, 학부, 교수진 / currency 통화, 화폐
certificate 증명서, 자격증 / discourse 담론, 담화

해석 풍부한 경험에도 불구하고, 그는 엄격히 규제되는 산업 내에서 경력을 쌓기 위해 특정 자격증을 취득하는 것이 필요하다는 것을 알게 되었다.

011 ④

난이도

단서 어휘 빈칸 추론 공식 ❶ 역접 또는 대조의 연결어가 나오면 반대 어휘 확인

contrasting with his peers' more relaxed approach

어휘 빈칸 추론 공식 ❷ 역접이나 대조의 내용이 아니라면 맥락에 어울리는 비슷한 어휘 확인

which involved long hours of study and practice

어휘 commerce 상업, 통상, 무역 / dimension 치수, 크기, 차원
hazard 위험 / discipline 규율, 훈육, 학과

해석 그의 분야에서의 성공은 긴 시간의 공부와 연습을 포함한 그의 엄격한 규율에 기인하며, 더 여유로운 접근 방식을 취한 동료들과 대조적이었다.

012 ①

난이도

단서 어휘 빈칸 추론 공식 ❶ 역접 또는 대조의 연결어가 나오면 반대 어휘 확인

In spite of the adversity he faced

어휘 빈칸 추론 공식 ❷ 역접이나 대조의 내용이 아니라면 맥락에 어울리는 비슷한 어휘 확인

maintaining his composure and earning the respect

어휘 dignity 위엄, 존엄 / mechanism 기계 장치, 방법, 메커니즘
fraction 부분, 일부, 분수 / estate 사유지, 토지, 재산

해석 그가 직면한 역경에도 불구하고, 그는 놀라운 위엄으로 상황을 처리하며 침착함을 유지하고 주변 사람들의 존경을 받았다.

013

The unexpected power outage during the civil service exam caused ___________ among the test takers, disrupting their concentration and raising concerns about fairness and reliability.

① chaos
② instinct
③ anchor
④ executive

014

Her outstanding problem-solving skills were a significant ___________ to the company, unlike those of her colleagues who often struggled with complex challenges.

① fright
② asset
③ council
④ justice

015

The negotiations were tense as authorities worked to secure the release of the ___________ unharmed and balanced the demands of the captors with strategic patience.

① fault
② custody
③ hostage
④ counterpart

013 ①

난이도

단서 어휘 빈칸 추론 공식 ❷ 역접이나 대조의 내용이 아니라면 맥락에 어울리는 비슷한 어휘 확인

The unexpected power outage ~ disrupting ~ and raising concerns about

어휘 chaos 혼돈, 혼란 | instinct 본능, 직감
anchor 닻, 앵커, 정박하다, 고정시키다 | executive 경영진, 조직 간부

해석 공무원 시험 중에 발생한 예상치 못한 정전으로 인해 시험 응시자들 사이에 혼란이 생겼고, 그들의 집중력을 방해하며 공정성과 신뢰성에 대한 우려를 불러일으켰다.

014 ②

난이도

단서 어휘 빈칸 추론 공식 ❶ 역접 또는 대조의 연결어가 나오면 반대 어휘 확인

unlike those ~ struggled

어휘 빈칸 추론 공식 ❷ 역접이나 대조의 내용이 아니라면 맥락에 어울리는 비슷한 어휘 확인

Her outstanding problem-solving skills

어휘 fright 놀람, 두려움 | asset 자산
council 의회, 협의회 | justice 정의, 공정성

해석 그녀의 뛰어난 문제 해결 능력은 복잡한 도전에 종종 어려움을 겪는 동료들과 달리 회사에 중요한 자산이 되었다.

015 ③

난이도

단서 어휘 빈칸 추론 공식 ❷ 역접이나 대조의 내용이 아니라면 맥락에 어울리는 비슷한 어휘 확인

to secure the release ~ balancing the demands of the captors

어휘 fault 잘못, 책임 | custody 보관, 보호, 구금, 감금
hostage 인질, 저당, 담보물 | counterpart 상대, 대응 관계에 있는 사람[것]

해석 당국이 납치범의 요구와 전략적 인내 사이에서 균형을 맞추며 인질을 다치지 않고 석방시키기 위해 노력하면서 긴장감이 돌았다.

어휘 빈칸 추론 문제 풀이 연습 2회

⏰ 제한시간 문제당 1분

[016~030] 밑줄 친 부분에 들어갈 말로 가장 적절한 것을 고르시오.

016

The decision to cut funding for the arts program caused widespread ___________ among the community, as many believed it would diminish cultural opportunities for future generations.

① union
② session
③ parliament
④ outrage

017

Although the company manufactured a substantial ___________ of goods, it faced difficulties fulfilling customer demand because of logistical hurdles and disruptions in the supply chain.

① sequence
② revenge
③ quantity
④ perspective

018

Many students ___________ to attend prestigious universities, believing that such education will significantly enhance their career prospects and future success.

① aspire
② breed
③ condemn
④ stroke

019

Trust in the leader was shattered when it was revealed that he had secretly ___________ his supporters by negotiating with their rivals behind closed doors.

① attracted
② collaborated
③ affiliated
④ betrayed

016 ④

난이도

단서 어휘 빈칸 추론 공식 ❷ 역접이나 대조의 내용이 아니라면 맥락에 어울리는 비슷한 어휘 확인

to cut funding for the arts program ~ it would diminish cultural opportunities

어휘 union 조합, 협회
session 기간, 개회, 학기
parliament 의회, 국회
outrage 격분, 폭행, 난폭

해석 예술 프로그램에 대한 자금 지원을 중단하겠다는 결정은 많은 사람들이 그것이 미래 세대의 문화적 기회를 줄일 것이라고 믿었기 때문에 지역 사회에서 광범위한 격분을 일으켰다.

017 ③

난이도

단서 어휘 빈칸 추론 공식 ❶ 역접 또는 대조의 연결어가 나오면 반대 어휘 확인

Although ~, it faced difficulties fulfilling customer demand

어휘 빈칸 추론 공식 ❷ 역접이나 대조의 내용이 아니라면 맥락에 어울리는 비슷한 어휘 확인

because of logistical hurdles and disruptions

어휘 sequence 순서, 연속
revenge 복수, 보복
quantity 양, 수량
perspective 관점, 시각, 원근법

해석 그 회사는 상당한 양의 상품을 생산했음에도 불구하고, 물류 장애와 공급망의 혼란으로 인해 고객의 수요를 충족하는 데 어려움을 겪었다.

018 ①

난이도

단서 어휘 빈칸 추론 공식 ❷ 역접이나 대조의 내용이 아니라면 맥락에 어울리는 비슷한 어휘 확인

enhance their career prospects

어휘 aspire 열망하다
breed 기르다, 낳다, 사육하다, 번식시키다
condemn 비난하다, 유죄 판결을 내리다
stroke 타격, 치기, 쓰다듬다

해석 많은 학생들은 명문 대학에 진학하기를 열망하며, 그러한 교육이 자신의 경력 전망과 미래 성공을 크게 향상시킬 것이라고 믿는다.

019 ④

난이도

단서 어휘 빈칸 추론 공식 ❷ 역접이나 대조의 내용이 아니라면 맥락에 어울리는 비슷한 어휘 확인

Trust ~ was shattered ~ by negotiating with their rivals

어휘 attract 마음을 끌다, 끌어들이다
collaborate 협력하다
affiliate 제휴하다, 연계되다
betray 배신하다, 누설하다

해석 그가 비밀리에 문을 닫고 라이벌과 협상하면서 지지자들을 배신한 것이 밝혀졌을 때 리더에 대한 신뢰가 산산이 조각났다.

020 Despite initial setbacks, the government's efforts to ___________ healthcare services in rural areas have considerably improved access to medical care.

① entertain
② evacuate
③ fascinate
④ amplify

021 Our main ___________ for the next quarter is to enhance customer satisfaction ratings by implementing a new feedback system.

① vehicle
② target
③ status
④ victim

022 The company announced that operations would ___________ temporarily due to financial difficulties, but reassured employees that their jobs would be secure during the shutdown.

① source
② await
③ cease
④ anticipate

023 The company faced unexpected challenges in the market; however, it swiftly ___________ its strategies to maintain competitiveness.

① adjust
② abort
③ accuse
④ complicate

020 ④

난이도

단서 어휘 빈칸 추론 공식 ❶ 역접 또는 대조의 연결어가 나오면 반대 어휘 확인

Despite initial setbacks, ~

어휘 entertain 즐겁게 하다, 접대하다 / evacuate 대피시키다, 떠나다
fascinate 매혹하다, 마음을 사로잡다 / amplify 증폭시키다, 확대하다, 상세히 설명하다

해석 초기 어려움에도 불구하고, 정부의 시골 지역 의료 서비스 확대 노력은 의료 서비스를 이용할 수 있는 접근성을 크게 향상시켰다.

021 ②

난이도

단서 어휘 빈칸 추론 공식 ❷ 역접이나 대조의 내용이 아니라면 맥락에 어울리는 비슷한 어휘 확인

enhance customer satisfaction ratings

어휘 vehicle 탈것, 차량 / target 목표, 표적, 과녁, 목표로 삼다
status 신분, 지위 / victim 피해자, 희생자

해석 다음 분기의 우리의 주요 목표는 새로운 피드백 시스템을 도입하여 고객 만족도를 향상시키는 것이다.

022 ③

난이도

단서 어휘 빈칸 추론 공식 ❶ 역접 또는 대조의 연결어가 나오면 반대 어휘 확인

but reassured ~ their jobs would be secure

어휘 source 근원, 자료, 출처, 얻다 / await 기다리다
cease 중단하다, 그치다, 끝나다 / anticipate 기대하다, 예상하다

해석 회사는 재정 문제로 임시로 운영을 중단할 예정임을 발표했지만, 직원들에게 휴업 동안 그들의 직장은 안전하다고 안심시켰다.

023 ①

난이도

단서 어휘 빈칸 추론 공식 ❶ 역접 또는 대조의 연결어가 나오면 반대 어휘 확인

faced unexpected challenges in the market; however ~

어휘 adjust 적응하다, 조정하다 / abort 유산하다, 낙태시키다
accuse 고발[고소]하다, 비난하다 / complicate 복잡하게 만들다

해석 회사는 시장에서 예상치 못한 도전에 직면했지만, 경쟁력을 유지하기 위해 신속히 전략을 조정했다.

024 She wore a long coat to ___________ the gift she was carrying for the surprise party.

① belong ② cater
③ accumulate ④ conceal

025 The rumor began to ___________ and as it gained momentum, it started impacting investor confidence in the company's stock.

① conclude ② commit
③ circulate ④ compile

026 The popularity of the online game became a cultural ___________, influencing fashion, language, and even social interactions among younger generations.

① prejudice ② stuff
③ phenomenon ④ troop

024 ④

난이도

단서 어휘 빈칸 추론 공식 ❷ 역접이나 대조의 내용이 아니라면 맥락에 어울리는 비슷한 어휘 확인

She wore a long coat ~ the gift ~ for the surprise party

어휘 belong (~에) 속하다, (~의) 소유물이다
cater 음식을 공급하다, 에 응하다, 만족을 주다(to)
accumulate 모으다, 축적하다
conceal 숨기다

해석 그녀는 깜짝 파티를 위해 가지고 가는 선물을 숨기기 위해 긴 코트를 입었다.

025 ③

난이도

단서 어휘 빈칸 추론 공식 ❷ 역접이나 대조의 내용이 아니라면 맥락에 어울리는 비슷한 어휘 확인

The rumor ~ it started impacting investor

어휘 conclude 결론을 내리다, 끝내다
commit 저지르다, 범하다, 전념하다, 약속하다, 맡기다
circulate 순환하다, 유통하다, 순회하다, 유포되다
compile 모으다, 편집하다

해석 그 소문은 유포되기 시작했고 탄력을 받으면서 그 회사의 주식에 대한 투자자들의 신뢰에 영향을 미치기 시작했다.

026 ③

난이도

단서 어휘 빈칸 추론 공식 ❷ 역접이나 대조의 내용이 아니라면 맥락에 어울리는 비슷한 어휘 확인

influencing fashion, language, and even ~

어휘 빈칸 추론 공식 ❸ 추론 단서가 명확하지 않을 때는 단어를 직접 넣어서 맥락상 적절한 어휘 확인

- The popularity of the online game became a cultural prejudice
  그 온라인 게임의 인기는 문화적 편견이 되었다 → 어색함
- The popularity of the online game became a cultural phenomenon
  그 온라인 게임의 인기는 문화적 현상이 되었다 → 적절함
- The popularity of the online game became a cultural stuff
  그 온라인 게임의 인기는 문화적 물건이 되었다 → 어색함
- The popularity of the online game became a cultural troop
  그 온라인 게임의 인기는 문화적 병력이 되었다 → 어색함

어휘 prejudice 편견, 편견을 갖게 하다
stuff 물건, 것, 채우다
phenomenon 현상, 경이로운 것[사람], 비범한 인물
troop 병력, 군대, 부대

해석 그 온라인 게임의 인기는 패션, 언어, 그리고 심지어 젊은 세대들 간의 사회적 상호작용에까지 영향을 미치며 문화적 현상이 되었다.

027

The ___________ of the leaf was delicate and translucent, allowing sunlight to filter through for photosynthesis.

① tissue
② perspective
③ origin
④ sensation

028

After the stressful meeting, she stepped outside to ___________ in the fresh air, which helped her regain a sense of calm.

① vacuum
② attain
③ breathe
④ comprise

029

The new policy was designed to enhance the ___________ of the elderly through better healthcare services and social support, which would improve their quality of life.

① spectacle
② profession
③ welfare
④ pupil

030

The new employees were quickly ___________ with the company's policies and procedures through a comprehensive orientation program; nevertheless, some challenges persisted.

① amazed
② carved
③ acquainted
④ announce

027 ①

난이도

단서 어휘 빈칸 추론 공식 ❷ 역접이나 대조의 내용이 아니라면 맥락에 어울리는 비슷한 어휘 확인

allowing sunlight to filter through for photosynthesis.

어휘 tissue 화장지, 조직 / perspective 관점, 시각, 원근법
origin 기원, 출신 / sensation 느낌, 감각

해석 잎의 조직은 섬세하고 반투명하여 광합성을 통해 햇빛이 스며들도록 허용했다.

028 ③

난이도

단서 어휘 빈칸 추론 공식 ❷ 역접이나 대조의 내용이 아니라면 맥락에 어울리는 비슷한 어휘 확인

she stepped outside ~ which helped her regain a sense of calm

어휘 vacuum 진공, 진공의, (진공 청소기로) 청소하다 / attain 이루다, 달성하다
breathe 숨 쉬다, 호흡하다 / comprise 구성하다

해석 스트레스가 많은 회의 후, 그녀는 신선한 공기를 들이마시기 위해 밖으로 나갔고, 이는 그녀가 평온함을 되찾는 데 도움이 되었다.

029 ③

난이도

단서 어휘 빈칸 추론 공식 ❷ 역접이나 대조의 내용이 아니라면 맥락에 어울리는 비슷한 어휘 확인

through better healthcare services and social support ~ which would improve their quality of life.

어휘 spectacle 장관, 구경거리 / profession 직업, 공언, 선언
welfare 복지, 안녕 / pupil 학생, 제자, 눈동자, 동공

해석 새 정책은 더 나은 건강 관리 서비스와 사회적 지원을 통해 노인의 복지를 증진시키기 위해 설계되었으며, 이는 그들의 삶의 질을 향상시킬 것이다.

030 ③

난이도

단서 어휘 빈칸 추론 공식 ❶ 역접 또는 대조의 연결어가 나오면 반대 어휘 확인

nevertheless, some challenges persisted.

어휘 빈칸 추론 공식 ❷ 역접이나 대조의 내용이 아니라면 맥락에 어울리는 비슷한 어휘 확인

through a comprehensive orientation program

어휘 amaze 놀라게 하다 / carve 새기다, 조각하다
acquaint 익히다, 숙지하다 / announce 발표하다, 알리다

해석 새로운 직원들은 포괄적인 오리엔테이션 프로그램을 통해 회사의 정책과 절차를 빠르게 숙지했음에도 불구하고, 여전히 몇 가지 문제들이 지속되었다.

어휘 빈칸 추론 문제 풀이 연습 3회

제한시간 문제당 1분

[031~045] 밑줄 친 부분에 들어갈 말로 가장 적절한 것을 고르시오.

031

There was no attempt to ___________ the CEO's decision, as everyone agreed it was the best course of action.

① elect
② dictate
③ contradict
④ flourish

032

The policy strives to ensure fairness by not allowing employers to ___________ against applicants based on their age, gender, or ethnicity.

① forbid
② discriminate
③ enforce
④ overcome

033

The scientist assured everyone that the chemical reaction would not ___________ under controlled conditions, yet many remained skeptical about the safety measures in place.

① infer
② exceed
③ explode
④ convict

034

Volunteers ___________ their time and skills to help those in need in the community.

① contribute
② isolate
③ delete
④ neglect

031 ③

난이도

단서 어휘 빈칸 추론 공식 ❷ 역접이나 대조의 내용이 아니라면 맥락에 어울리는 비슷한 어휘 확인

as everyone agreed

어휘 빈칸 추론 공식 ❹ 빈칸을 포함한 절에 부정어가 있는 경우 내가 생각한 답과 반대 어휘 확인

There was no attempt

어휘 elect 선출하다, 선택하다
dictate 받아쓰게 하다
contradict 반박하다, 모순되다
flourish 번창하다, 번성하다

해석 모두가 그것이 최선의 조치라는 데 동의했기 때문에 CEO의 결정에 반박하려는 시도는 없었다.

032 ②

난이도

단서 어휘 빈칸 추론 공식 ❷ 역접이나 대조의 내용이 아니라면 맥락에 어울리는 비슷한 어휘 확인

The policy strives to ensure fairness

어휘 빈칸 추론 공식 ❹ 빈칸을 포함한 절에 부정어가 있는 경우 내가 생각한 답과 반대 어휘 확인

not allowing employers

어휘 forbid 금지하다
discriminate 식별하다, 차별하다
enforce 강요하다, 집행하다
overcome 극복하다

해석 그 정책은 고용주가 연령, 성별, 또는 인종을 근거로 지원자를 차별하지 못하도록 하여 공정성을 보장하려고 노력한다.

033 ③

난이도

단서 어휘 빈칸 추론 공식 ❹ 빈칸을 포함한 절에 부정어가 있는 경우 내가 생각한 답과 반대 어휘 확인

that the chemical reaction would not _______ under controlled conditions

어휘 infer 추론하다, 암시하다
exceed 넘다, 초과하다
explode 폭발하다, 터지다
convict 유죄를 선고하다, 죄인, 기결수

해석 그 과학자는 통제된 조건에서는 화학 반응이 폭발하지 않을 것이라고 모두에게 확신시켰지만, 많은 사람들은 현장의 안전 조치에 대해 여전히 회의적이었다.

034 ①

난이도

단서 어휘 빈칸 추론 공식 ❷ 역접이나 대조의 내용이 아니라면 맥락에 어울리는 비슷한 어휘 확인

to help those in need in the community

어휘 contribute 기여하다, 기부하다
isolate 고립시키다, 분리하다
delete 삭제하다
neglect 무시하다, 방치하다

해석 자원봉사자들은 지역 사회에서 필요한 사람들을 돕기 위해 시간과 기술을 기부한다.

035

The new software is designed to __________ seamlessly with existing systems, providing a more unified and efficient workflow for the organization.

① mock
② integrate
③ manipulate
④ interfere

036

She felt that she __________ a promotion despite having little experience in the field, citing her dedication and quick learning abilities as strengths.

① conform
② deserve
③ designate
④ observe

037

She politely asked her colleagues not to __________ her during the presentation, as it was important to maintain the flow of information.

① glance
② interrupt
③ fascinate
④ embrace

038

The project manager found it challenging to __________ team productivity, let alone meet the tight deadlines imposed by the client.

① improve
② illustrate
③ hesitate
④ devise

035 ②

난이도

단서 어휘 빈칸 추론 공식 ❷ 역접이나 대조의 내용이 아니라면 맥락에 어울리는 비슷한 어휘 확인

providing a more unified

어휘 mock 놀리다, 조롱하다, 무시하다, 조롱, 가짜, 거짓의, 가짜의
manipulate 조종하다, 조작하다, 다루다
integrate 통합하다[되다], 전체로 합치다
interfere 간섭하다(in), 방해하다(with)

해석 새 소프트웨어는 기존 시스템과 통합되어 조직에 더 통합적이고 효율적인 작업 흐름을 제공하도록 설계되었다.

036 ②

난이도

단서 어휘 빈칸 추론 공식 ❶ 역접 또는 대조의 연결어가 나오면 반대 어휘 확인

despite having little experience in the field

어휘 빈칸 추론 공식 ❷ 역접이나 대조의 내용이 아니라면 맥락에 어울리는 비슷한 어휘 확인

citing her dedication

어휘 conform 따르다 (to), 순응하다 (to)
designate 지명하다, 지정하다
deserve 자격이 있다, 받을 만하다
observe 관찰하다, 지키다, 준수하다

해석 그녀는 자신이 그 분야에서 경험이 거의 없지만, 헌신과 빠른 학습 능력을 강점으로 내세워 승진을 할 자격이 있다고 느꼈다.

037 ②

난이도

단서 어휘 빈칸 추론 공식 ❷ 역접이나 대조의 내용이 아니라면 맥락에 어울리는 비슷한 어휘 확인

as it was important to maintain the flow of information

어휘 빈칸 추론 공식 ❹ 빈칸을 포함한 절에 부정어가 있는 경우 내가 생각한 답과 반대 어휘 확인

asked her colleagues not to __________

어휘 glance 힐끗 보다, 힐끗 봄
fascinate 매혹하다, 마음을 사로잡다
interrupt 방해하다, 중단시키다
embrace 포옹하다, 받아들이다, 포괄하다

해석 그녀는 정보의 흐름을 유지하는 것이 중요하므로 발표 중에 자신을 방해하지 말아달라고 동료들에게 정중하게 요청했다.

038 ①

난이도

단서 어휘 빈칸 추론 공식 ❷ 역접이나 대조의 내용이 아니라면 맥락에 어울리는 비슷한 어휘 확인

let alone meet the tight deadlines

어휘 improve 나아지다, 개선하다, 향상시키다
hesitate 망설이다, 주저하다
illustrate 삽화를 쓰다, 설명하다, 실증하다
devise 고안하다

해석 프로젝트 관리자는 고객이 부과한 엄격한 마감 시간을 충족시키기는커녕 팀 생산성 향상시키는 것도 어려움을 겪었다.

039

Volunteers helped ___________ food and supplies to the affected areas, striving to guarantee that aid reached those in need promptly and effectively.

① inflate
② legislate
③ distribute
④ interact

040

The teacher had to ___________ when the discussion between the students became too heated. In addition, she reminded them of the importance of respectful communication in resolving conflicts peacefully.

① locate
② inject
③ inquire
④ intervene

041

To ___________ the audience, the speaker used compelling stories, making the presentation both informative and entertaining.

① correspond
② interpret
③ haunt
④ engage

042

The new shopping mall ___________ only a few of the available retail spaces in the city center, leaving many storefronts still vacant.

① occupies
② intrigues
③ overwhelms
④ overlooks

039 ③

난이도

단서 어휘 빈칸 추론 공식 ❺ 빈칸에 동사가 들어가는 경우 뒤에 나온 목적어와 잘 어울리는 어휘 확인

food and supplies to the affected areas

어휘 inflate 부풀리다, 과장하다 / legislate 법률을 제정하다
distribute 분배하다, 나누어 주다 / interact 상호 작용하다, 소통하다

해석 자원봉사자들은 음식과 물품을 피해 지역에 분배하는 것을 도왔고, 도움이 필요한 사람들에게 신속하고 효율적으로 지원이 도달하도록 보장하기 위해 노력했다.

040 ④

난이도

단서 어휘 빈칸 추론 공식 ❷ 역접이나 대조의 내용이 아니라면 맥락에 어울리는 비슷한 어휘 확인

when the discussion between the students became too heated
the importance of respectful communication

어휘 locate 위치하다, 자리잡다 / inject 주입하다, 주사하다
inquire 묻다, 문의하다 / intervene 끼어들다, 개입하다

해석 학생들 간의 토론이 너무 과열되자 선생님이 개입해야 했다. 게다가, 그녀는 갈등을 평화적으로 해결하는 데 있어 존중하는 의사소통의 중요성을 그들에게 상기시켰다.

041 ④

난이도

단서 어휘 빈칸 추론 공식 ❷ 역접이나 대조의 내용이 아니라면 맥락에 어울리는 비슷한 어휘 확인

compelling stories, making the presentation both informative and entertaining

어휘 correspond 일치하다(with), 상응하다(to) / interpret 해석하다, 이해하다
haunt 계속 떠오르다, (귀신 등이) 나타나다 / engage 끌다, 사로잡다, 몰두시키다

해석 청중을 사로잡기 위해, 연사는 흥미로운 이야기를 사용하여 발표를 유익하면서도 재미있게 만들었다.

042 ①

난이도

단서 어휘 빈칸 추론 공식 ❷ 역접이나 대조의 내용이 아니라면 맥락에 어울리는 비슷한 어휘 확인

leaving many storefronts still vacant.

어휘 빈칸 추론 공식 ❹ 빈칸을 포함한 절에 부정어가 있는 경우 내가 생각한 답과 반대 어휘 확인

only a few of the available retail spaces

어휘 occupy 차지하다, 거주하다 / intrigue 음모를 꾸미다, 호기심을 돋우다
overwhelm 압도하다, 제압하다 / overlook 간과하다, 눈감아 주다, 감독하다, 감시하다

해석 새로운 쇼핑몰은 도심의 유통 공간 중 일부만을 차지하고 있어, 여전히 많은 상점이 비어 있는 상태이다.

043

He was ___________ with achieving perfection in his artwork; thus, he spent countless hours refining every detail to ensure it met his exacting standards.

① nominated ② obsessed
③ narrated ④ mediated

044

He was able to ___________ inspiration for his artwork from the natural beauty he observed during his travels.

① distort ② infect
③ derive ④ flee

045

He decided to ___________ the backyard with a fence to keep his dog from running away.

① dread ② enclose
③ dwell ④ fulfill

043 ②

난이도

단서 어휘 빈칸 추론 공식 ❷ 역접이나 대조의 내용이 아니라면 맥락에 어울리는 비슷한 어휘 확인

spent countless hours refining every detail ~ it met his exacting standards

어휘 nominate 지명하다, 임명하다 / obsess 사로잡다, ~에 집착하게 하다
narrate 이야기를 하다[들려주다] / mediate 중재하다, 조정하다

해석 그는 자신의 작품에 완벽함을 달성하는 데에 집착했으며, 따라서 그것이 자신의 정확한 기준을 충족하는지 확인하기 위해 모든 세부 사항을 다듬는 데 셀 수 없이 많은 시간을 보냈다.

044 ③

난이도

단서 어휘 빈칸 추론 공식 ❷ 역접이나 대조의 내용이 아니라면 맥락에 어울리는 비슷한 어휘 확인

the natural beauty he observed

어휘 distort 왜곡하다, 일그러뜨리다 / infect 감염시키다, 오염시키다
derive 끌어내다, 획득하다, (결론을) 도출하다 / flee 달아나다, 도망하다

해석 그는 여행 중에 관찰한 자연의 아름다움에서 그의 작품에 대한 영감을 끌어낼 수 있었다.

045 ②

난이도

단서 어휘 빈칸 추론 공식 ❷ 역접이나 대조의 내용이 아니라면 맥락에 어울리는 비슷한 어휘 확인

keep his dog from running away

어휘 dread 두려워하다 / enclose 둘러싸다, 동봉하다
dwell 거주하다, 살다 / fulfill 이행하다, 완료하다, 달성하다

해석 그는 개가 도망가지 않도록 울타리로 뒷마당을 둘러싸기로 결정했다.

어휘 빈칸 추론 문제 풀이 연습 4회

제한시간 문제당 1분

[046~060] 밑줄 친 부분에 들어갈 말로 가장 적절한 것을 고르시오.

046

Although James wanted to participate actively, he decided to ___________ his comments until everyone had spoken, ensuring a more balanced and inclusive discussion.

① precede
② recommend
③ reserve
④ qualify

047

He ___________ himself of unnecessary clutter from his home office; moreover, he donated the excess items to a local charity.

① preach
② vanish
③ rid
④ recognize

048

The radio station will ___________ the live coverage of the event, not delaying the broadcast for any reason.

① scramble
② regulate
③ transmit
④ prescribe

049

The new drug showed ___________ results in clinical trials, whereas previous treatments had limited efficacy in similar patient populations.

① consistent
② adverse
③ corporate
④ acute

046 ③

난이도

단서 어휘 빈칸 추론 공식 ❶ 역접 또는 대조의 연결어가 나오면 반대 어휘 확인

Although James wanted to participate actively ~

어휘 precede ~에 앞서다, 선행하다, 우선하다 / recommend 추천하다, 권하다, 충고하다
reserve 예약하다, 비축하다, 유보하다, 보류하다 / qualify 자격을 얻다, 자격[권리]을 주다

해석 James는 적극적으로 참여하고 싶었지만, 모든 사람이 발언할 때까지 자신의 의견을 보류하기로 결정하여 보다 균형 있고 포괄적인 토론을 보장했다.

047 ③

난이도

단서 어휘 빈칸 추론 공식 ❷ 역접이나 대조의 내용이 아니라면 맥락에 어울리는 비슷한 어휘 확인

donated the excess items to a local charity

어휘 preach 설교하다, 설파하다 / vanish 사라지다
rid 없애다, 제거하다 / recognize 인식하다, 알아보다, 인정하다

해석 그는 집 사무실에서 불필요한 물건을 없애고, 게다가 남은 물품을 지역 자선 단체에 기부했다.

048 ③

난이도

단서 어휘 빈칸 추론 공식 ❹ 빈칸을 포함한 절에 부정어가 있는 경우 내가 생각한 답과 반대 어휘 확인

not delaying the broadcast

어휘 scramble 뒤섞다, 긁어모으다 / regulate 규제하다, 조절하다
transmit 전송하다, 전달하다, 전도하다 / prescribe 처방하다, 규정하다

해석 라디오 방송국은 어떤 이유에서도 방송을 지연시키지 않고 이벤트의 실시간 중계를 전송할 것이다.

049 ①

난이도

단서 어휘 빈칸 추론 공식 ❶ 역접 또는 대조의 연결어가 나오면 반대 어휘 확인

whereas previous treatments had limited efficacy in similar patient populations.

어휘 consistent 일관된, ~와 일치하는 / adverse 불리한, 부정적인
corporate 기업[회사]의, 법인의, 공동의 / acute 심한, 급성의, 날카로운, 명민한

해석 새로운 약은 임상 시험에서 일관된 결과를 보였지만, 이전 치료법은 비슷한 환자 집단에서 효과가 제한적이었다.

050

The company's decision to ___________ its traditional work model into a flexible, remote-friendly environment significantly improved employee satisfaction and productivity.

① testify ② satisfy
③ transform ④ wander

051

The scientist was asked to ___________ the key findings of her research into a concise summary for the conference presentation.

① suspend ② underlie
③ withdraw ④ abstract

052

Attendance at the training sessions is ___________, as the new policies require all employees to be fully informed about the updated safety procedures.

① compulsory ② cynical
③ compatible ④ approximate

053

She worked hard to ___________ the technical jargon into plain language to make the complex report understandable for stakeholders without a technical background.

① surround ② undertake
③ translate ④ tend

050 ③

난이도

단서 어휘 빈칸 추론 공식 ❷ 역접이나 대조의 내용이 아니라면 맥락에 어울리는 비슷한 어휘 확인

improved employee satisfaction and productivity

어휘 testify 증언하다, 입증하다 / satisfy 만족시키다
transform 변형시키다, 바꾸다 / wander 돌아다니다, 배회하다

해석 그 회사가 기존의 근무 방식을 유연하고 원격 친화적인 환경으로 변화시키기로 한 결정은 직원 만족도와 생산성을 크게 향상시켰다.

051 ④

난이도

단서 어휘 빈칸 추론 공식 ❷ 역접이나 대조의 내용이 아니라면 맥락에 어울리는 비슷한 어휘 확인

into a concise summary

어휘 suspend 연기하다, 중단하다, 정직[정학]시키다 / underlie ~의 기초가 되다, 기저를 이루다
withdraw 철수하다, 인출하다, 취소하다 / abstract 추상적인, 추상, 요약[추록], 발췌하다, 요약하다

해석 그 과학자는 회의 발표를 위해 자신의 연구 결과의 주요 사항을 간결한 요약으로 요약하라는 요청을 받았다.

052 ①

난이도

단서 어휘 빈칸 추론 공식 ❷ 역접이나 대조의 내용이 아니라면 맥락에 어울리는 비슷한 어휘 확인

require all employees to be fully informed about

어휘 compulsory 의무적인, 강제적인 / cynical 냉소적인, 부정적인
compatible 호환이 되는, 양립할 수 있는 / approximate 근사치인, 거의 정확한, 가까워지다, 접근하다

해석 새 정책이 모든 직원이 업데이트된 안전 절차에 대해 완전히 숙지할 것을 요구하므로 교육 기간에 참석은 의무적이다.

053 ③

난이도

단서 어휘 빈칸 추론 공식 ❷ 역접이나 대조의 내용이 아니라면 맥락에 어울리는 비슷한 어휘 확인

to make the complex report understandable

어휘 빈칸 추론 공식 ❺ 빈칸에 동사가 들어가는 경우 뒤에 나온 목적어와 잘 어울리는 어휘 확인

the technical jargon into plain language

어휘 surround 둘러싸다, 에워싸다 / undertake 착수하다, 맡다
translate 번역하다, 해석하다, 설명하다 / tend ~하는 경향이 있다, 돌보다

해석 그녀는 기술 용어를 쉬운 언어로 번역하기 위해 열심히 노력하여 기술적 배경이 없는 이해 관계자들이 복잡한 보고서를 이해할 수 있도록 했다.

054

The honest woman made it clear that she would never ___________ business with companies that do not adhere to ethical standards.

① splash
② transact
③ terminate
④ spoil

055

Though there were numerous setbacks, her resolve to finish the marathon did not waver; she _______ and eventually crossed the finish line.

① weave
② refuse
③ supervise
④ persist

056

The children were instructed to ___________ the seeds evenly across the field, not to drop them in one place.

① restrict
② relieve
③ quote
④ scatter

057

The region has ___________ natural resources, yet its population suffers from extreme poverty.

① chronic
② crisp
③ abundant
④ absent

054 ②

난이도

단서 어휘 빈칸 추론 공식 ❷ 역접이나 대조의 내용이 아니라면 맥락에 어울리는 비슷한 어휘 확인

The honest woman ~ adhere to ethical standards

어휘 splash 튀기다, 첨벙거리다 / transact 거래하다
terminate 끝내다, 종료하다 / spoil 망치다, 손상시키다

해석 그 정직한 여성은 윤리적 기준을 지키지 않는 회사와는 절대 거래하지 않겠다는 뜻을 분명히 밝혔다.

055 ④

난이도

단서 어휘 빈칸 추론 공식 ❶ 역접 또는 대조의 연결어가 나오면 반대 어휘 확인

Though there were numerous setbacks

어휘 빈칸 추론 공식 ❷ 역접이나 대조의 내용이 아니라면 맥락에 어울리는 비슷한 어휘 확인

and eventually crossed the finish line

어휘 weave 짜다, 엮다 / refuse 거절하다, 거부하다
supervise 감독하다, 지도하다 / persist 고집하다, 지속하다

해석 수많은 좌절이 있었지만 마라톤을 완주하려는 그녀의 결의는 흔들리지 않았고, 그녀는 지속했고 마침내 결승선을 넘었다.

056 ④

난이도

단서 어휘 빈칸 추론 공식 ❹ 빈칸을 포함한 절에 부정어가 있는 경우 내가 생각한 답과 반대 어휘 확인

not to drop them in one place

어휘 restrict 제한하다 / relieve 완화하다, 줄이다, 덜어 주다
quote 인용하다, 인용구 / scatter 흩뿌리다, 쫓아 버리다

해석 아이들은 씨앗을 한 곳에 떨어뜨리지 말고, 들판에 골고루 흩뿌리도록 지시받았다.

057 ③

난이도

단서 어휘 빈칸 추론 공식 ❶ 역접 또는 대조의 연결어가 나오면 반대 어휘 확인

yet its population suffers from extreme poverty

어휘 chronic 만성적인, 고질의 / crisp 바삭바삭한
abundant 풍부한, 많은 / absent 부재한, 결석한

해석 이 지역은 풍부한 천연 자원을 가지고 있지만, 그 지역의 주민은 극심한 빈곤에 시달리고 있다.

058

The technological advancements of the new software are ___________, revolutionizing the industry; however, the steep learning curve and high implementation costs pose significant barriers for many companies.

① comprehensive ② cruel
③ awesome ④ anxious

059

The engineer spent months working to ___________ the design of the new engine to improve its efficiency and performance.

① swell ② refine
③ tease ④ toss

060

Even though the clothes were left out to dry all day, they were still ___________ and never fully dried.

① damp ② comprehensive
③ authentic ④ appropriate

058 ③

난이도

단서 어휘 빈칸 추론 공식 ❶ 역접 또는 대조의 연결어가 나오면 반대 어휘 확인

however, ~ costs pose significant barriers

어휘 contemporary 현대의, 동시대의 / cruel 잔혹한, 잔인한

awesome 굉장한, 엄청난 / anxious 불안해하는, 염려하는(about), 열망하는(for)

해석 새로운 소프트웨어의 기술적 발전은 놀라울 정도로 굉장하여 업계를 혁신하고 있지만, 가파른 학습 곡선과 높은 구현 비용이 많은 기업들에게 상당한 장벽이 되고 있다.

059 ②

난이도

단서 어휘 빈칸 추론 공식 ❷ 역접이나 대조의 내용이 아니라면 맥락에 어울리는 비슷한 어휘 확인

improve its efficiency and performance

어휘 swell 붓다, 부풀다, 부어오르다 / refine 정제하다, 개선하다

tease 놀리다, 괴롭히다 / toss 던지다, 내던지다

해석 엔지니어는 새로운 엔진의 효율성과 성능을 개선하기 위해 몇 달 동안 설계를 개선하는 작업했다.

060 ①

난이도

단서 어휘 빈칸 추론 공식 ❶ 역접 또는 대조의 연결어가 나오면 반대 어휘 확인

Even though the clothes were left out to dry all day

어휘 damp 축축한, 눅눅한 / comprehensive 포괄적인, 광범위한, 이해력이 있는

authentic 진짜의, 진품인 / appropriate 적절한, 도용[전용]하다

해석 옷을 말리려고 온종일 밖에 내놓았지만, 여전히 축축하고 완전히 마르지 않았다.

어휘 빈칸 추론 문제 풀이 연습 5회

제한시간 문제당 1분

[061~075] 밑줄 친 부분에 들어갈 말로 가장 적절한 것을 고르시오.

061

The architect presented an ___________ plan for the new city center, detailing each building's purpose and design aesthetic.

① dynamic
② elaborate
③ grateful
④ magnificent

062

The team consisted of members from ___________ backgrounds; nonetheless, they worked together seamlessly to achieve their common goals.

① intellectual
② intimate
③ gorgeous
④ diverse

063

The competition was ___________, with challenges such as physical endurance tests and mental puzzles.

① rational
② widespread
③ intense
④ judicial

064

She made a ___________ decision to join the environmental cleanup initiative, motivated by her passion for nature conservation.

① furious
② voluntary
③ naive
④ sophisticated

061 ②

난이도

단서 어휘 빈칸 추론 공식 ❷ 역접이나 대조의 내용이 아니라면 맥락에 어울리는 비슷한 어휘 확인

detailing each building's

어휘 dynamic 역동적인, 힘, 원동력 / elaborate 정교한, 복잡한, 공들여 만들다, 상세하게 만들다
grateful 감사하는 (사람), 기분 좋은 (사물) / magnificent 참으로 아름다운, 훌륭한

해석 건축가는 새로운 도심의 정교한 계획을 제시하여 각 건물의 목적과 디자인 미학을 자세히 설명했다.

062 ④

난이도

단서 어휘 빈칸 추론 공식 ❶ 역접 또는 대조의 연결어가 나오면 반대 어휘 확인

nonetheless, ~ to achieve their common goals

어휘 intellectual 지적인, 지능의 / intimate 친밀한, 사적인
gorgeous 아주 멋진, 아름다운 / diverse 다양한

해석 그 팀은 다양한 배경을 가진 구성원들로 구성되었다; 그럼에도 불구하고, 그들은 그들의 공통된 목표를 달성하기 위해 끊임없이 협력했다.

063 ③

난이도

단서 어휘 빈칸 추론 공식 ❷ 역접이나 대조의 내용이 아니라면 맥락에 어울리는 비슷한 어휘 확인

with challenges

어휘 rational 합리적인, 이성적인 / widespread 광범위한, 널리 퍼진
intense 극심한, 강렬한, 치열한 / judicial 사법의, 재판의

해석 경쟁은 치열했으며, 신체 강인도 테스트와 정신적 퍼즐 같은 도전 과제들이 있었습니다.

064 ②

난이도

단서 어휘 빈칸 추론 공식 ❷ 역접이나 대조의 내용이 아니라면 맥락에 어울리는 비슷한 어휘 확인

motivated by her passion for nature conservation

어휘 furious 몹시 화난, 맹렬한 / voluntary 자발적인
naive 순진한, 천진난만한, 잘 속는 / sophisticated 정교한, 세련된, 복잡한

해석 그녀는 환경 정화 프로젝트에 참여하기로 자발적인 결정을 했으며, 자연 보전에 대한 열정이 동기였다.

065

He was ___________ to accept the promotion due to the increased responsibilities it would entail, even though the salary was quite high.

① primary ② reluctant
③ metropolitan ④ extraordinary

066

The negotiations required ___________ handling to avoid offending either party and reach a mutually beneficial agreement.

① primitive ② rude
③ delicate ④ permanent

067

His gratitude for their help was ___________, not just for the practical assistance but for their unwavering support during a difficult time.

① ridiculous ② simultaneous
③ spare ④ immense

068

The company's commitment to ___________ business practices earned it a reputation for integrity and trustworthiness.

① substantial ② temporary
③ ethical ④ federal

065 ②

난이도

단서 어휘 빈칸 추론 공식 ❶ 역접 또는 대조의 연결어가 나오면 반대 어휘 확인

even though the salary was quite high

어휘 primary 주된, 주요한, 최초의
metropolitan 대도시의
reluctant 꺼리는, 마지못한
extraordinary 놀라운, 대단한

해석 그는 급여가 상당히 높았지만, 그것이 수반할 증가된 책임 때문에 받아들이기를 꺼렸다.

066 ③

난이도

단서 어휘 빈칸 추론 공식 ❷ 역접이나 대조의 내용이 아니라면 맥락에 어울리는 비슷한 어휘 확인

handling to avoid offending either party

어휘 primitive 원시의, 태고의
delicate 연약한, 섬세한
rude 무례한, 예의 없는
permanent 영구적인

해석 그 협상은 어느 한쪽이 불쾌감을 느끼지 않고 상호 이익이 되는 합의에 도달하기 위해 섬세한 처리가 필요했다.

067 ④

난이도

단서 어휘 빈칸 추론 공식 ❷ 역접이나 대조의 내용이 아니라면 맥락에 어울리는 비슷한 어휘 확인

for the practical assistance

어휘 ridiculous 웃기는, 우스꽝스러운
spare 여분의, 남는
simultaneous 동시의
immense 엄청난, 어마어마한

해석 그의 감사는 그들의 실질적인 도움뿐만 아니라, 어려운 시간 동안 변함없는 지원에 대한 것 때문에 엄청났다.

068 ③

난이도

단서 어휘 빈칸 추론 공식 ❷ 역접이나 대조의 내용이 아니라면 맥락에 어울리는 비슷한 어휘 확인

a reputation for integrity and trustworthiness

어휘 substantial 상당한, 견고한, 실체의
ethical 윤리적인, 도덕상의
temporary 임시의, 일시적인
federal 연방제의

해석 회사의 윤리적인 경영 실천에 대한 헌신이 그것에게 정직과 신뢰성에 대한 평판을 쌓게 했다.

069 She needed the ___________ measurements for the dress to ensure a perfect fit for the client's special occasion.

① exact
② familiar
③ flexible
④ intermediate

070 His ___________ kindness towards animals contrasts sharply with his tough demeanor in business negotiations.

① scarce
② violent
③ vertical
④ inherent

071 His critique of the artwork was so ___________ that only those deeply familiar with the artist's style could fully appreciate its nuances.

① subtle
② fatal
③ precious
④ prominent

072 The ___________ learning curve challenged new employees, but it also allowed them to gain valuable skills.

① verbal
② valid
③ imperial
④ steep

069 ①

난이도

단서 어휘 빈칸 추론 공식 ❷ 역접이나 대조의 내용이 아니라면 맥락에 어울리는 비슷한 어휘 확인

to ensure a perfect fit

어휘 exact 정확한, 엄밀한 / familiar 친숙한, 익숙한, 잘 알려진, 알고 있는 / flexible 융통성 있는, 유연한 / intermediate 중간의, 중급의

해석 그녀는 고객의 특별한 날을 위한 몸에 꼭 맞는 옷을 보장하기 위해 드레스의 정확한 측정치가 필요했다.

070 ④

난이도

단서 어휘 빈칸 추론 공식 ❶ 역접 또는 대조의 연결어가 나오면 반대 어휘 확인

contrasts sharply with his tough demeanor

어휘 scarce 부족한, 드문 / violent 폭력적인 / vertical 수직의, 세로의 / inherent 내재하는, 본래의, 타고난

해석 동물에 대한 그의 본래의 친절함은 사업 협상에서의 그의 거친 태도와 극명하게 대조된다.

071 ①

난이도

단서 어휘 빈칸 추론 공식 ❷ 역접이나 대조의 내용이 아니라면 맥락에 어울리는 비슷한 어휘 확인

that only those deeply familiar with the artist's style ~ its nuances.

어휘 subtle 미묘한, 교묘한, 영리한 / fatal 치명적인, 운명의 / precious 귀중한, 값비싼 / prominent 저명한, 중요한

해석 작품에 대한 그의 비평은 매우 미묘해서 그 작가의 스타일에 깊이 익숙한 사람들만이 그 미묘한 차이를 완전히 감상할 수 있었다.

072 ④

난이도

단서 어휘 빈칸 추론 공식 ❶ 역접 또는 대조의 연결어가 나오면 반대 어휘 확인

but it ~ gain valuable skills

어휘 verbal 언어의, 구두의 / valid 유효한, 타당한 / imperial 제국의, 황제의 / steep 가파른, 급격한

해석 가파른 학습 곡선은 신입 사원들에게 도전이었지만, 그들에게 중요한 기술을 습득할 기회를 허락했다.

073

The ancient temple was considered ___________ by locals, who visited it regularly to pay respects to their ancestors.

① wicked
② sacred
③ toxic
④ immune

074

Despite being accused, he remained ___________ until proven guilty, maintaining his belief in the justice system.

① vigorous
② dynamic
③ weird
④ innocent

075

The eventual decline of natural resources is ___________, so we should seek sustainable alternatives.

① inevitable
② desperate
③ enthusiastic
④ external

073 ②

난이도

단서 어휘 빈칸 추론 공식 ❷ 역접이나 대조의 내용이 아니라면 맥락에 어울리는 비슷한 어휘 확인

pay respects to their ancestor

어휘 wicked 사악한, 못된 / sacred 성스러운, 신성한

toxic 유독성의 / immune 면역성이 있는, 면역이 된

해석 그 고대 사원은 현지인들에 의해 신성한 곳으로 여겨지며, 그들은 조상들에게 경의를 표하려고 정기적으로 그곳을 방문했다.

074 ④

난이도

단서 어휘 빈칸 추론 공식 ❶ 역접 또는 대조의 연결어가 나오면 반대 어휘 확인

Despite being accused

어휘 vigorous 활발한, 활기찬 / dynamic 역동적인, 힘, 원동력

weird 기이한, 기괴한 / innocent 무죄의, 결백한

해석 그는 비난을 받았지만, 유죄가 증명될 때까지 무죄로 남아 정의 체계에 대한 믿음을 유지했다.

075 ①

난이도

단서 어휘 빈칸 추론 공식 ❷ 역접이나 대조의 내용이 아니라면 맥락에 어울리는 비슷한 어휘 확인

so we should seek sustainable alternatives

어휘 inevitable 필연적인, 불가피한 / desperate 절망적인, 필사적인

enthusiastic 열광적인, 열렬한 / external 외부의, 밖의

해석 자연 자원의 궁극적인 감소는 불가피하기 때문에, 우리는 지속 가능한 대안을 찾아야 한다.

어휘 빈칸 추론 문제 풀이 연습 6회

제한시간 문제당 1분

[076~090] 밑줄 친 부분에 들어갈 말로 가장 적절한 것을 고르시오.

076

The success of the project hinged not only on technological innovation but also on the integration of each ___________ into a cohesive whole.

① enterprise
② component
③ premium
④ custody

077

The rare gemstone was too hard to find on the market, turning it into a highly sought-after ___________ among collectors.

① commodity
② province
③ secretary
④ associate

078

She was too timid to ___________ the keynote address at the conference, despite months of preparation and anticipation.

① educate
② deliver
③ dismiss
④ embarrass

079

She cannot help ___________ whenever she encounters inefficiency in the workplace.

① calculating
② comprising
③ conforming
④ complaining

076 ②

난이도

단서 어휘 빈칸 추론 공식 ❷ 역접이나 대조의 내용이 아니라면 맥락에 어울리는 비슷한 어휘 확인

The success of the project hinged not only on technological innovation

어휘 enterprise 기업, 회사 / component 부품, (구성) 요소
premium 상금, 할증금, 보험료 / custody 보관, 보호, 구금, 감금

해석 프로젝트의 성공은 기술적 혁신뿐만 아니라 결합한 전체로의 각 구성 요소의 통합에도 달려있다.

077 ①

난이도

단서 어휘 빈칸 추론 공식 ❷ 역접이나 대조의 내용이 아니라면 맥락에 어울리는 비슷한 어휘 확인

The rare gemstone

어휘 commodity 상품, 물품 / province 주, 지방, 지역, 분야
secretary 비서, (각 부의) 장관(S-) / tenant 세입자, 임차인

해석 그 드문 보석용 원석은 시장에서 찾기가 너무 어려워져, 수집가들 사이에서 매우 인기 있는 상품이 되었다.

078 ②

난이도

단서 어휘 빈칸 추론 공식 ❺ 빈칸에 동사가 들어가는 경우 뒤에 나온 목적어와 잘 어울리는 어휘 확인

the keynote address at the conference

어휘 educate 가르치다, 교육하다 / deliver 전하다, 배달하다, 분만하다
dismiss 해산시키다, 해고하다 / embarrass 당황스럽게 하다, 난처하게 하다

해석 그녀는 수개월 동안의 준비와 기대에도 불구하고 너무 소심해서 회의에서 주요 연설을 전할 수 없었다.

079 ④

난이도

단서 어휘 빈칸 추론 공식 ❷ 역접이나 대조의 내용이 아니라면 맥락에 어울리는 비슷한 어휘 확인

she encounters inefficiency

어휘 calculate 계산하다, 산출하다 / comprise 구성하다
conform 따르다, 순응하다 / complain 불평하다, 투정하다

해석 그녀는 직장에서 비효율적일 때마다 불평하지 않을 수 없다.

080

The politician's ___________ statements didn't clarify the situation when asked about the controversial policy.

① thorough ② vague
③ absolute ④ ultimate

081

The company did not recognize the ___________ market demand for eco-friendly products until competitors started gaining market share with sustainable offerings.

① stiff ② significant
③ tender ④ subjective

082

In the realm of literature, her ___________ prose captures the complexities of human emotion with less verbosity and more profound insight.

① fierce ② identical
③ neutral ④ fertile

083

Despite his ___________ commitment to the project, he demanded more recognition for his minimal contributions

① nuclear ② shallow
③ mortal ④ mutual

080 ②

난이도

단서 어휘 빈칸 추론 공식 ❹ 빈칸을 포함한 절에 부정어가 있는 경우 내가 생각한 답과 반대 어휘 확인

didn't clarify the situation

어휘 thorough 철저한, 빈틈없는
vague 모호한, 희미한
absolute 완전한, 절대적인
ultimate 궁극적인, 최후[최종]의

해석 정치인의 모호한 발언들은 논란이 되는 정책에 대해 물어볼 때 상황을 명확히 하지 않았다.

081 ②

난이도

단서 어휘 빈칸 추론 공식 ❷ 역접이나 대조의 내용이 아니라면 맥락에 어울리는 비슷한 어휘 확인

competitors started gaining market share

어휘 stiff 뻣뻣한
significant 중요한, 의미심장한
tender 상냥한, 다정한, 연한
subjective 주관적인

해석 경쟁사들이 지속 가능한 제품으로 시장 점유율을 확보하기 시작한 후에야 회사는 친환경 제품에 대한 의미심장한 시장 수요를 인지했다.

082 ④

난이도

단서 어휘 빈칸 추론 공식 ❷ 역접이나 대조의 내용이 아니라면 맥락에 어울리는 비슷한 어휘 확인

captures the complexities of human emotion with less verbosity and more profound insight

어휘 fierce 사나운, 격렬한, 극심한
identical 동일한, 똑같은
neutral 중립적인
fertile 비옥한, 풍부한, 생식력 있는

해석 문학의 영역에서 그녀의 풍부한 산문은 덜 장황하고 더 깊은 통찰력으로 인간 감정의 복잡성을 포착한다.

083 ②

난이도

단서 어휘 빈칸 추론 공식 ❶ 역접 또는 대조의 연결어가 나오면 반대 어휘 확인

Despite his ____________ commitment ~ more recognition

어휘 nuclear 핵의, 원자력의
shallow 얕은, 피상적인
mortal 죽을 운명의, 치명적인
mutual 상호간의, 서로의

해석 프로젝트에 대한 그의 피상적인 헌신에도 불구하고, 그는 자신의 최소한의 기여에 대해 더 많은 인정을 요구했다.

084

He was ___________ on unraveling the mysteries of quantum mechanics, dedicating countless hours to his research in pursuit of groundbreaking discoveries.

① awkward
② hostile
③ causal
④ intent

085

The new system was ___________ in its operations, but required human oversight to handle unforeseen contingencies.

① convenient
② automatic
③ brilliant
④ aware

086

The prosecutor could not ___________ the suspect due to lack of conclusive evidence.

① convict
② irritate
③ descend
④ reconcile

087

She ___________ her achievements so much that her resume seemed more like a work of fiction than a factual account of her career.

① fastened
② governed
③ exaggerated
④ inclined

084 ④

난이도

단서 어휘 빈칸 추론 공식 ❷ 역접이나 대조의 내용이 아니라면 맥락에 어울리는 비슷한 어휘 확인

dedicating countless hours to his research

어휘 awkward 어색한, 서투른
hostile 적대적인
causal 인과 관계의, 원인의
intent 관심을 보이는, 몰두하는, 의도

해석 그는 양자역학의 미스터리를 풀기 위해 몰두했고, 혁신적인 발견을 추구하기 위해 무수히 많은 시간을 연구에 헌신했다.

085 ②

난이도

단서 어휘 빈칸 추론 공식 ❶ 역접 또는 대조의 연결어가 나오면 반대 어휘 확인

but required human oversight

어휘 convenient 편리한
automatic 자동의, 반사적인, 무의식적인
brilliant 훌륭한, 뛰어난
aware 알고 있는, 의식하고 있는

해석 새로운 시스템은 운영에서 자동이었지만, 예기치 않은 사태를 처리하기 위해 인간의 감독이 필요했다.

086 ①

난이도

단서 어휘 빈칸 추론 공식 ❷ 역접이나 대조의 내용이 아니라면 맥락에 어울리는 비슷한 어휘 확인

due to lack of conclusive evidence

어휘 빈칸 추론 공식 ❹ 빈칸을 포함한 절에 부정어가 있는 경우 내가 생각한 답과 반대 어휘 확인

not ______ the suspect

어휘 convict 유죄를 선고하다, 기결수, 죄인
irritate 짜증나게 하다, 화나게 하다
descend 내려가다
reconcile 화해시키다, 중재[조정]하다, 조화[일치]시키다

해석 검사는 결정적인 증거 부족으로 피고인을 유죄를 선고할 수 없었다.

087 ③

난이도

단서 어휘 빈칸 추론 공식 ❷ 역접이나 대조의 내용이 아니라면 맥락에 어울리는 비슷한 어휘 확인

her resume seemed more like a work of fiction

어휘 fasten 매다, 고정시키다
govern 통치하다, 지배하다
exaggerate 과장하다
incline ~하고 싶은 마음이 들게하다, 기울다

해석 그녀는 자신의 성과를 지나치게 과장해서 그녀의 자기 소개서는 그녀의 경력의 사실적 설명보다는 오히려 소설 같아 보였다.

088

While some team members preferred to ___________ new technologies into their workflow, others wanted to optimize existing systems.

① recruit
② incorporate
③ regulate
④ impress

089

The successful negotiation must have ___________ tensions between the rival factions, paving the way for peaceful coexistence.

① scrambled
② relieved
③ testified
④ undermined

090

Her cooking was ___________, not to mention the fact that she never cleaned up afterwards, which made dining at her place quite unpleasant.

① crisp
② awake
③ decent
④ awful

088 ②

난이도

단서 어휘 빈칸 추론 공식 ❶ 역접 또는 대조의 연결어가 나오면 반대 어휘 확인

While ome team members ~, others wanted to optimize existing systems

어휘 recruit 모집하다, 신병[신참자] incorporate 통합시키다, 설립하다, 통합하다, 포함하다
regulate 규제하다, 조절하다 impress 감동을 주다, 깊은 인상을 주다

해석 일부 팀원은 업무 흐름에 새로운 기술을 통합하는 것을 선호했지만, 다른 사람들은 기존 시스템을 최적화하는 것을 원했다.

089 ②

난이도

단서 어휘 빈칸 추론 공식 ❷ 역접이나 대조의 내용이 아니라면 맥락에 어울리는 비슷한 어휘 확인

The successful negotiation ~ paving the way for peaceful coexistence

어휘 scramble 뒤섞다, 긁어모으다 relieve 완화하다, 줄이다, 덜어 주다
testify 증언하다, 입증하다 undermine 약화시키다, 훼손하다

해석 성공적인 협상은 경쟁하는 집단 간의 긴장을 완화했을 것이며, 평화로운 공존을 위한 길을 열어줬을 것이다.

090 ④

난이도

단서 어휘 빈칸 추론 공식 ❷ 역접이나 대조의 내용이 아니라면 맥락에 어울리는 비슷한 어휘 확인

she never cleaned up afterwards, ~ quite unpleasant.

어휘 crisp 바삭바삭한 awake 깨어 있는, 잠들지 않은, 깨우다, 불러일으키다
decent 적당한, 훌륭한 awful 끔찍한, 형편없는

해석 식사 후에도 정리를 전혀 하지 않았다는 사실은 말할 것도 없고 그녀의 요리도 형편없어서 그녀의 집에서 식사하는 것은 매우 불쾌했다.

MEMO

Part
02

공무원 핵심 어휘 마스터

공무원 핵심 어휘 마스터

어휘 빈칸 추론 문제 풀이 연습 7회

제한시간 문제당 1분

[091~105] 밑줄 친 부분에 들어갈 말로 가장 적절한 것을 고르시오.

091

The company's policy is to award contracts to whoever submits the most competitive bids, in ___________ with their commitment to fair business practices.

① counter ② accord
③ blast ④ convert

092

He maintained his integrity throughout the project, though many of his colleagues succumbed to ___________ practices to expedite their progress.

① corrupt ② empty
③ manifest ④ mass

093

The renowned doctor remained ___________ as he meticulously reviewed the complex case histories to identify the underlying ailment.

① joint ② initial
③ relative ④ patient

094

The company has decided to ___________ a green initiative. Therefore, they will invest in renewable energy projects.

① regret ② privilege
③ launch ④ handicap

091 ②

난이도

단서 어휘 빈칸 추론 공식 ❷ 역접이나 대조의 내용이 아니라면 맥락에 어울리는 비슷한 어휘 확인

with their commitment to fair business practices

어휘 counter 계산대, 판매대, 반대하다, 거스르다, 대항하다 / accord 일치, 합의, 일치하다, 부합하다 / blast 돌풍, 폭발, 폭발시키다 / convert 전환자, 개종자, 전환시키다

해석 회사의 정책은 공정한 사업 관행에 대한 약속에 일치하는 가장 경쟁력 있는 입찰을 제출하는 사람에게 계약을 수여하는 것이다.

092 ①

난이도

단서 어휘 빈칸 추론 공식 ❶ 역접 또는 대조의 연결어가 나오면 반대 어휘 확인

though many of his colleagues succumbed to __________ practices

어휘 빈칸 추론 공식 ❷ 역접이나 대조의 내용이 아니라면 맥락에 어울리는 비슷한 어휘 확인

his integrity throughout the project

어휘 corrupt 부패한, 타락한, 타락시키다 / empty 비어 있는, 비우다 / manifest 명백한, 뚜렷한, 명시하다, 드러내다 / mass 덩어리, 질량, 대중, 대량의, 모이다

해석 그는 프로젝트 동안 내내 자신의 청렴성을 유지했지만, 많은 동료들이 진척을 가속화하기 위해 부패한 관행에 굴복했다.

093 ④

난이도

단서 어휘 빈칸 추론 공식 ❷ 역접이나 대조의 내용이 아니라면 맥락에 어울리는 비슷한 어휘 확인

The renowned doctor ~ he meticulously reviewed

어휘 joint 관절, 이음매, 공동의 / initial 이름의 첫 글자, 처음의, 초기의 / relative 친척, 상대적인 / patient 환자, 인내심[참을성] 있는

해석 유명한 의사는 복잡한 질환 경력을 세심하게 검토하여 근본적인 질병을 식별하는 동안 인내심을 유지했다.

094 ③

난이도

단서 어휘 빈칸 추론 공식 ❷ 역접이나 대조의 내용이 아니라면 맥락에 어울리는 비슷한 어휘 확인

they will invest in renewable energy projects

어휘 regret 후회, 후회하다, 유감스럽게 생각하다 / privilege 특권, 특권을 주다 / launch 개시, 출시, 착수하다, 출시하다 / handicap 장애, 불리한 조건, 불리하게 만들다

해석 그 회사는 녹색 계획을 시작하기로 결정했다. 그러므로, 그들은 재생 가능한 에너지 프로젝트에 투자할 것이다.

095

The company decided to ___________ the production of the outdated model because they are planning to introduce a new, more advanced version.

① guarantee
② fuse
③ implement
④ halt

096

She felt ___________ by his remarks, but she chose to remain composed and not to react impulsively.

① grasped
② forecasted
③ insulted
④ extracted

097

It took them several hours to ___________ the tent due to the strong winds blowing through the campsite.

① erect
② faint
③ estimate
④ draft

098

His impulsive purchases were a direct contrast to his ___________ efforts to save money for a future investment.

① alien
② even
③ deliberate
④ extreme

095 ④

난이도

단서 어휘 빈칸 추론 공식 ❷ 역접이나 대조의 내용이 아니라면 맥락에 어울리는 비슷한 어휘 확인

they are planning to introduce a new, more advanced version

어휘 guarantee 보증, 확약, 보장하다 fuse 퓨즈, 도화선, 융합되다
implement 도구, 용구, 시행하다, 이행하다 halt 멈춤, 중단, 중단시키다, 멈추다

해석 회사는 새로운, 더 진보된 버전을 출시할 계획이기 때문에 구식 모델의 생산을 중단시키기로 결정했다.

096 ③

난이도

단서 어휘 빈칸 추론 공식 ❶ 역접 또는 대조의 연결어가 나오면 반대 어휘 확인

but she chose to remain composed

어휘 grasp 꽉 쥐기, 지배, 이해, 움켜잡다, 파악하다, 이해하다 forecast 예보, 예측, 예보하다, 예측하다
insult 모욕, 모욕하다 extract 추출, 발췌, 추출하다, 뽑아내다

해석 그녀는 그의 말에 모욕을 느꼈지만, 그녀는 침착을 유지하고 충동적으로 반응하지 않기로 선택했다.

097 ①

난이도

단서 어휘 빈칸 추론 공식 ❺ 빈칸에 동사가 들어가는 경우 뒤에 나온 목적어와 잘 어울리는 어휘 확인

the tent

어휘 erect 똑바로 선, 세우다, 건립하다 faint 기절, 희미한, 기절하다
estimate 추정치, 추산, 추정하다, 추산하다 draft 원고, 초안, 징집, (초안을) 작성하다, 징집하다

해석 캠핑장에 불어오는 강한 바람 때문에 텐트를 세우는 데 몇 시간이 걸렸다.

098 ③

난이도

단서 어휘 빈칸 추론 공식 ❶ 역접 또는 대조의 연결어가 나오면 반대 어휘 확인

His impulsive purchases were a direct contrast

어휘 alien 외계인, 이방인, 외국의, 외래의 even ~조차, 훨씬, 평평한, 짝수의
deliberate 고의의, 신중한, 숙고하다 extreme 극단, 극한, 극도의, 극심한

해석 그의 충동적인 구매는 그가 미래 투자를 위해 돈을 절약하는 신중한 노력과 정반대였다.

099

After encountering unexpected medical expenses, so he began seeking external ___________ solutions.

① encounter
② finance
③ coordinate
④ bother

100

Even though she knew it was wrong, she didn't intervene when she saw her classmates ___________ the new student.

① mastering
② depositing
③ commenting
④ bullying

101

The professor asked the students to ___________ their discussions so that she could address an important point.

① pause
② range
③ measure
④ commission

102

Some individuals argue that ___________ certain books restricts the ability of authors and publishers to freely express ideas.

① bump
② censoring
③ cluster
④ discharge

099 ②

난이도

단서 어휘 빈칸 추론 공식 ❷ 역접이나 대조의 내용이 아니라면 맥락에 어울리는 비슷한 어휘 확인

After encountering unexpected medical expenses

어휘 encounter 만남, 접촉, 맞닥뜨리다 / finance 재정, 재원, 자금을 대다
coordinate 좌표, 동등한 사람[것], 조직화하다, 조정하다 / bother 성가심, 귀찮게 하다, 괴롭히다

해석 의도치 않게 발생한 의료 비용을 마련하기 위해 외부 재정 솔루션을 찾기 시작했다.

100 ④

난이도

단서 어휘 빈칸 추론 공식 ❶ 역접 또는 대조의 연결어가 나오면 반대 어휘 확인

Even though she knew it was wrong

어휘 master 주인, 숙련자, 석사 (학위), 완전히 익히다, 숙달하다 / deposit 침전물, 예금, 맡기다, 두다, 예금하다
comment 논평, 언급, 논평하다, 견해를 밝히다 / bully 괴롭히는 사람, 괴롭히다

해석 그녀는 그것이 잘못된 것을 알고 있음에도, 새 학생을 괴롭히는 동급생들을 보고 개입하지 않았다.

101 ①

난이도

단서 어휘 빈칸 추론 공식 ❷ 역접이나 대조의 내용이 아니라면 맥락에 어울리는 비슷한 어휘 확인

she could address an important point

어휘 pause 멈춤, 중지, 휴지, 잠시 멈추다, 정지시키다 / range 범위, 정렬하다, 배치하다
measure 조치, 척도, 측정하다 / commission 위원회, 위원단, 수수료, 의뢰[주문]하다, 위임하다

해석 교수는 중요한 점을 설명하기 위해 학생들에게 토론을 잠시 멈추라고 요청했다.

102 ②

난이도

단서 어휘 빈칸 추론 공식 ❷ 역접이나 대조의 내용이 아니라면 맥락에 어울리는 비슷한 어휘 확인

restricts the ability of authors and publishers to freely express ideas

어휘 bump 쿵 소리, 혹, 부딪치다 / censor 검열관, 감찰관, 검열하다
cluster 무리, 군집, 무리를 이루다 / discharge 방출, 배출, 짐을 내리다, 방출하다

해석 일부 사람들은 특정 책을 검열하는 것이 저자와 출판자가 아이디어를 자유롭게 표현하는 능력을 제한한다고 주장한다.

103

His excuses for being late didn't ___________ to his boss, who expected punctuality from all employees.

① matter
② host
③ grant
④ frown

104

The app's primary ___________ is to track expenses, and it also offers additional features such as budget planning and financial analysis.

① gaze
② dose
③ freeze
④ function

105

The novel's intricate plot and well-developed characters deeply ___________ him, keeping him engaged until the very end.

① forced
② gained
③ handled
④ interested

103 ①

난이도

단서 어휘 빈칸 추론 공식 ❷ 역접이나 대조의 내용이 아니라면 맥락에 어울리는 비슷한 어휘 확인

who expected punctuality from all employees

어휘 matter 문제, 상황, 문제되다, 중요하다 host 주인, 주최자[국], 주최하다
grant 보조금, 승인하다, 인정하다, 주다 frown 찌푸림, 찌푸리다

해석 지각에 대한 그의 변명은 모든 직원들의 시간 엄수를 기대하는 상사에게 중요하지 않았다.

104 ④

난이도

단서 어휘 빈칸 추론 공식 ❸ 추론 단서가 명확하지 않을 때는 단어를 직접 넣어서 맥락상 적절한 어휘 확인

The app's primary gaze 그 앱의 주요한 응시 → 어색함
The app's primary dose 그 앱의 주요한 복용량 → 어색함
The app's primary freeze 그 앱의 주요한 동결 → 어색함
The app's primary function 그 앱의 주요한 기능 → 적절함

어휘 gaze 응시, 시선, 응시하다, 바라보다 dose 복용량, 투약하다, 조제하다
freeze 동결, 한파, 얼다, 얼리 function 기능, 기능하다, 작용하다

해석 그 앱의 주요 기능은 비용 추적이며, 예산 계획 및 금융 분석과 같은 추가 기능도 제공한다.

105 ④

난이도

단서 어휘 빈칸 추론 공식 ❷ 역접이나 대조의 내용이 아니라면 맥락에 어울리는 비슷한 어휘 확인

keeping him engaged until the very end.

어휘 force 힘, 물리력, 강요하다, ~하게 만들다 gain 증가, 얻다
handle 손잡이, 다루다, 처리하다 interest 관심, 흥미, 관심을 끌다, 관심을 보이다

해석 그 소설의 복잡한 줄거리와 잘 전개된 등장인물은 그에게 깊은 관심을 끌었고, 그를 마지막까지 몰입하게 했다.

어휘 빈칸 추론 문제 풀이 연습 8회

제한시간 문제당 1분

[106~120] 밑줄 친 부분에 들어갈 말로 가장 적절한 것을 고르시오.

106

The movie studio plans to ___________ its latest blockbuster during the holiday season to maximize box office sales.

① stamp ② release
③ shelter ④ trigger

107

The teacher's grading was generally ___________, although she occasionally made exceptions for outstanding work.

① uniform ② optimistic
③ tentative ④ indigenous

108

Though their goals appeared conflicting, they discovered that with some compromises, their objectives were actually ___________.

① mediocre ② reconcilable
③ lenient ④ exclusive

109

The nonprofit organization was declared ___________ when it could no longer cover its operating expenses and had to shut down its services.

① debatable ② unprecedented
③ insolvent ④ separate

106 ②

난이도

단서 어휘 빈칸 추론 공식 ❷ 역접이나 대조의 내용이 아니라면 맥락에 어울리는 비슷한 어휘 확인

to maximize box office sales

어휘 stamp 우표, 도장, 발을 구르다, 찍다 / release 석방, 개봉, 풀어 주다, 방출하다, 개봉하다
shelter 주거지, 피난처, 피하다, 보호하다 / trigger 방아쇠, 계기, 발사하다, 유발하다

해석 그 영화 스튜디오는 최신 대작을 휴일 시즌에 개봉하여 박스 오피스 매출을 극대화할 계획이다.

107 ①

난이도

단서 어휘 빈칸 추론 공식 ❶ 역접 또는 대조의 연결어가 나오면 반대 어휘 확인

although she occasionally made exceptions

어휘 uniform 제복, 유니폼, 동일한, 불변의, 균등한 / optimistic 낙관적인
tentative 잠정적인, 시험적인, 망설이는 / indigenous 원산의, 토착의

해석 비록 가끔 뛰어난 일에는 예외를 두었지만, 선생님의 등급 매기기는 대체로 균등했다.

108 ②

난이도

단서 어휘 빈칸 추론 공식 ❶ 역접 또는 대조의 연결어가 나오면 반대 어휘 확인

Though their goals appeared conflicting

어휘 mediocre 보통의, 평범한 / reconcilable 화해[조정]할 수 있는, 조화[일치]시킬 수 있는
lenient 관대한 / exclusive 독점적인, 배타적인

해석 비록 그들의 목표가 상충하는 것처럼 보였지만, 약간의 타협으로 그들의 목표가 실제로 조정할 수 있다는 것을 발견했다.

109 ③

난이도

단서 어휘 빈칸 추론 공식 ❷ 역접이나 대조의 내용이 아니라면 맥락에 어울리는 비슷한 어휘 확인

it could no longer cover its operating expenses ~ had to shut down its services

어휘 debatable 논란[논쟁]의 여지가 있는 / unprecedented 전례 없는, 비길 데 없는
insolvent 파산한, 지급 불능의 / separate 분리된, 분리하다, 나누다

해석 그 비영리 단체는 운영비를 더 이상 감당할 수 없게 되어 서비스를 중단해야 했을 때 파산한 상태로 선언되었다.

110

The factory implemented strict safety measures to prevent chemical ___________; however, an unexpected malfunction led to a minor leak.

① treats
② spills
③ warrants
④ extinctions

111

She felt a tight ___________ in her chest as anxiety gripped her, making it difficult to breathe and think clearly.

① depression
② venture
③ wreck
④ squeeze

112

The illegal dumping of industrial waste further ___________ the environmental crisis.

① discern
② aggravate
③ wound
④ torture

113

She had to work late every night to finish the project on time; nevertheless, she was ___________ with the results and proud of her hard work.

① thrilled
② witnessed
③ stared
④ ruled

110 ②

난이도 [IIII]

단서 어휘 빈칸 추론 공식 ❶ 역접 또는 대조의 연결어가 나오면 반대 어휘 확인

however, an unexpected malfunction led to a minor leak

어휘 treat 특별한 것, 대접, 대하다, 치료하다
spill 유출, 유출물, 쏟다, 흘리다
warrant 보증, 권한, 보증하다, 권한을 주다
extinction 멸종, 소화(消火), 소등

해석 공장은 화학 물질 유출을 방지하기 위해 엄격한 안전 조치를 취했지만, 예상치 못한 고장으로 인해 작은 누출이 발생했다.

111 ④

난이도 [III]

단서 어휘 빈칸 추론 공식 ❷ 역접이나 대조의 내용이 아니라면 맥락에 어울리는 비슷한 어휘 확인

as anxiety gripped her ~ making it difficult to breathe

어휘 depression 우울함, 불경기
venture 모험, 벤처, (위험을 무릅쓰고) 가다
wreck 난파, 조난, 잔해, 난파시키다, 조난시키다
squeeze 짜기, 압박, 축소, 짜내다

해석 그녀는 불안이 엄습하면서 가슴 꽉 조이는 압박을 느껴 숨쉬기와 명확하게 생각하기가 어려웠다.

112 ②

난이도 [II]

단서 어휘 빈칸 추론 공식 ❷ 역접이나 대조의 내용이 아니라면 맥락에 어울리는 비슷한 어휘 확인

illegal dumping of industrial waste

어휘 discern 식별하다, 분별하다, 알아보다, 인식하다
aggravate 악화시키다, 화나게 하다
wound 상처, 부상, 상처를 입히다
torture 고문, 고문하다

해석 산업 폐기물의 불법 투기는 환경 위기를 더욱 악화시켰다.

113 ①

난이도 [I]

단서 어휘 빈칸 추론 공식 ❶ 역접 또는 대조의 연결어가 나오면 반대 어휘 확인

work late every night to finish the project on time; nevertheless

어휘 thrill 전율, 스릴, 열광시키다, 신나게 만들다
witness 목격자, 목격하다
stare 응시, 응시하다, 빤히 쳐다보다
rule 규칙, 지배, 통치, 지배하다, 통치하다

해석 그녀는 프로젝트를 제시간에 끝내기 위해 매일 밤 늦게까지 일해야 했지만, 결과에 매우 신났고 자신의 노고가 자랑스러웠다.

114

The company decided to ___________ the project into smaller tasks in order to manage it more efficiently and meet the deadline.

① split ② transport
③ retreat ④ stack

115

She received a generous ___________ after completing the challenging project ahead of schedule.

① reward ② twist
③ whisper ④ riot

116

Engineers presented a detailed ___________ of rebuilding a town to withstand future flooding and natural disasters.

① ruin ② treasure
③ scheme ④ wreck

117

The government's efforts to address poverty have been ___________, but progress in rural areas has been less visible.

① persuasive ② enticing
③ reserved ④ conspicuous

114 ①

난이도

단서 어휘 빈칸 추론 공식 ❷ 역접이나 대조의 내용이 아니라면 맥락에 어울리는 비슷한 어휘 확인

in order to manage it more efficiently

어휘 split 틈, 분열, 쪼개다, 분리시키다, 나누다 | transport 수송, 운송, 수송하다
retreat 퇴각, 후퇴, 퇴각하다, 후퇴하다 | stack 더미, 무더기, 쌓아올리다

해석 회사는 프로젝트를 더 효율적으로 관리하고 마감일을 맞추기 위해 더 작은 작업들로 나누기로 결정했다.

115 ①

난이도

단서 어휘 빈칸 추론 공식 ❷ 역접이나 대조의 내용이 아니라면 맥락에 어울리는 비슷한 어휘 확인

after completing the challenging project

어휘 reward 보상, 보상금, 보상하다 | twist 돌리기, 전환, 구부리다, 비틀다
whisper 속삭임, 속삭이다, 귓속말하다 | riot 폭동, 폭동을 일으키다

해석 그녀는 도전적인 프로젝트를 예정보다 빨리 마친 후에 후한 보상을 받았다.

116 ③

난이도

단서 어휘 빈칸 추론 공식 ❷ 역접이나 대조의 내용이 아니라면 맥락에 어울리는 비슷한 어휘 확인

rebuilding a town to withstand future flooding

어휘 ruin 붕괴, 몰락, 망치다 | treasure 보물, 대단히 소중히 여기다
scheme 책략, 계획, 책략을 꾸미다, 획책하다 | wreck 난파, 조난, 잔해, 난파시키다, 조난시키다

해석 엔지니어들은 미래의 홍수와 자연 재해에 견딜 수 있는 마을 재건 계획을 상세히 제시했다.

117 ④

난이도

단서 어휘 빈칸 추론 공식 ❶ 역접 또는 대조의 연결어가 나오면 반대 어휘 확인

but progress in rural areas has been less visible.

어휘 persuasive 설득력 있는 | enticing 유혹적인, 마음을 끄는
reserved 내성적인, 과묵한, 보류된, 예약된 | conspicuous 눈에 잘 띄는, 뚜렷한, 두드러진

해석 정부의 빈곤 문제 해결 노력은 두드러지지만, 시골 지역에서의 진전은 덜 눈에 띈다.

118

Diplomats from both countries are ____________ on potential compromises to resolve the trade dispute peacefully.

① upsetting ② discarding
③ meditating ④ tearing

119

Despite initial hesitations, the team decided to ____________ their fears and embark on the challenging project.

① roar ② swallow
③ insulate ④ caution

120

The negotiation process faced a ____________ when unexpected demands were introduced by the opposing party.

① tranquility ② sentence
③ routine ④ complication

118 ③

난이도

단서 어휘 빈칸 추론 공식 ❷ 역접이나 대조의 내용이 아니라면 맥락에 어울리는 비슷한 어휘 확인

to resolve the trade dispute peacefully

어휘 upset 속상한, 속상하게 하다 / discard 버리다, 폐기하다 / meditate 명상하다, 숙고하다 / tear 눈물, 찢다

해석 양국 외교관들은 무역 분쟁을 평화롭게 해결하기 위한 잠재적인 타협점에 대해 숙고하고 있다.

119 ②

난이도

단서 어휘 빈칸 추론 공식 ❶ 역접 또는 대조의 연결어가 나오면 반대 어휘 확인

Despite initial hesitations

어휘 roar 포효, 함성, 으르렁거리다, 함성을 지르다 / swallow 제비, 삼키다, 받아들이다 / insulate 절연[단열, 방음]하다, 분리[격리]하다 / caution 경고, 조심, 주의, ~에게 경고하다, 주의를 주다

해석 처음에는 망설였지만, 팀은 두려움을 받아들이고 도전적인 프로젝트에 착수하기로 결정했다.

120 ④

난이도

단서 어휘 빈칸 추론 공식 ❷ 역접이나 대조의 내용이 아니라면 맥락에 어울리는 비슷한 어휘 확인

when unexpected demands were introduced

어휘 tranquility 고요, 평온 / sentence 문장, 선고, 선고하다 / routine 일상, 일상적인 / complication 문제, 합병증

해석 예상치 못한 요구가 야당에 의해 제기되면서 협상 과정이 문제에 직면했다.

어휘 빈칸 추론 문제 풀이 연습 9회

제한시간 문제당 1분

[121~135] 밑줄 친 부분에 들어갈 말로 가장 적절한 것을 고르시오.

121

The central bank implemented several measures to ___________ the volatile currency, which had been fluctuating wildly due to political unrest and economic uncertainty.

① imitate
② assimilate
③ stabilize
④ inspire

122

The new product line proved to be extremely ___________, generating higher revenues and significantly boosting the company's overall financial performance.

① perceptible
② transparent
③ profitable
④ susceptible

123

The proposed ___________ between the two leading firms promised to create a more competitive entity but raised concerns about potential monopolistic practices.

① approval
② competition
③ inspection
④ merger

124

The timely intervention of firefighters helped ___________ a major disaster in the industrial area.

① disparage
② refute
③ avert
④ enlighten

121 ③

난이도

단서 어휘 빈칸 추론 공식 ❷ 역접이나 대조의 내용이 아니라면 맥락에 어울리는 비슷한 어휘 확인

The central bank implemented several measures

어휘 imitate 모방하다, 흉내내다 / assimilate 동화되다, 완전히 이해하다[소화하다]
stabilize 안정[고정]시키다 / inspire 고무[격려]하다, 고취하다, (사상·감정을) 불어 넣다

해석 중앙은행은 정치적 불안과 경제적 불확실성으로 인해 급격히 변동하고 있던 불안정한 통화를 안정시키기 위해 몇 가지 조치를 시행했다.

122 ③

난이도

단서 어휘 빈칸 추론 공식 ❷ 역접이나 대조의 내용이 아니라면 맥락에 어울리는 비슷한 어휘 확인

generating higher revenues and

어휘 perceptible 감지[인지]할 수 있는 / transparent 투명한, 명료한
profitable 수익성이 있는, 이득이 되는 / susceptible 민감한, ~에 취약한

해석 새로운 상품 라인은 매우 수익성이 높은 것으로 입증되어 더 높은 수익을 창출하고 회사의 전반적인 재무 성과를 크게 향상시켰다.

123 ④

난이도

단서 어휘 빈칸 추론 공식 ❷ 역접이나 대조의 내용이 아니라면 맥락에 어울리는 비슷한 어휘 확인

promised to create a more competitive entity

어휘 빈칸 추론 공식 ❹ 빈칸을 포함한 절에 부정어가 있는 경우 내가 생각한 답과 반대 어휘 확인

but raised concerns about potential monopolistic practices

어휘 approval 인정, 승인, 찬성 / competition 경쟁, 경기
inspection 점검, 조사 / merger 합동, 합병

해석 두 주요 기업 간의 합병 제안은 더 경쟁력 있는 기업체를 만들 것이라고 약속했지만 잠재적인 독점 행위에 대한 우려를 불러일으켰다.

124 ③

난이도

단서 어휘 빈칸 추론 공식 ❷ 역접이나 대조의 내용이 아니라면 맥락에 어울리는 비슷한 어휘 확인

timely intervention of firefighters helped

어휘 disparage 폄하하다, 얕보다, 헐뜯다 / refute 논박[반박]하다
avert 피하다, 막다, (눈·얼굴 등을) 돌리다 / enlighten 계몽하다, 가르치다, 이해시키다[깨우치다]

해석 소방관들의 적시의 개입 덕분에 산업 지역에서 대형 재해를 막을 수 있었다.

125 Social media can ___________ misinformation, whereas responsible journalism plays a crucial role in promoting accurate information.

① justify ② recite
③ decipher ④ exacerbate

126 The teenager's ___________ attitude often led to conflicts with his parents, who struggled to understand his desire for independence and self-expression.

① precious ② rebellious
③ ambitious ④ intrepid

127 The coach divided the team tasks into smaller, ___________ parts to ensure efficiency and progress.

① synonymous ② sedentary
③ manageable ④ ingenuous

128 In spite of the noise around her, she remained ___________ to the commotion and continued reading her book.

① oblivious ② arrogant
③ portable ④ harsh

125 ④

난이도

단서 어휘 빈칸 추론 공식 ❶ 역접 또는 대조의 연결어가 나오면 반대 어휘 확인

whereas responsible journalism plays a crucial role

어휘 justify 정당화하다, 옳음을 보여주다 recite 암송[낭독]하다
decipher 판독[해독]하다 exacerbate 악화시키다, 화나게 하다

해석 소셜 미디어는 잘못된 정보를 악화시킬 수 있지만, 책임 있는 언론은 정확한 정보를 촉진하는 데 중요한 역할을 한다.

126 ②

난이도

단서 어휘 빈칸 추론 공식 ❷ 역접이나 대조의 내용이 아니라면 맥락에 어울리는 비슷한 어휘 확인

led to conflicts with his parents

어휘 precious 귀중한, 값비싼 rebellious 반항적인, 반역하는
ambitious 대망을 품은, 야심[야망]을 가진 intrepid 용기 있는, 두려움을 모르는

해석 그 십대의 반항적인 태도는 독립과 자기 표현에 대한 그의 욕구를 이해하지 못한 부모와 종종 갈등을 일으켰다.

127 ③

난이도

단서 어휘 빈칸 추론 공식 ❷ 역접이나 대조의 내용이 아니라면 맥락에 어울리는 비슷한 어휘 확인

divided the team tasks into smaller ~ to ensure efficiency and progress

어휘 synonymous 동의어의, 같은 뜻의 sedentary 앉아 있는, 활발하지 않은
manageable 관리할 수 있는 ingenuous 순진한, 천진한

해석 코치는 팀의 작업을 더 작고 관리할 수 있는 부분으로 나누어 효율성과 진전을 보장했다.

128 ①

난이도

단서 어휘 빈칸 추론 공식 ❶ 역접 또는 대조의 연결어가 나오면 반대 어휘 확인

In spite of the noise around her

어휘 oblivious 의식하지 못하는, 잘 잊어버리는 arrogant 거만한
portable 휴대용의, 간편한 harsh 냉혹한, 가혹한

해석 주위의 소란에도 그녀는 무심코지나마 그 소동을 의식하지 못하고 책을 계속 읽었다.

129

During the meeting, the manager had to ___________ the importance of meeting deadlines to avoid project delays and setbacks.

① bestow ② alleviate
③ reiterate ④ squander

130

Before proceeding with the project, they conducted a thorough ___________ study to determine the potential risks and benefits involved.

① feasibility ② complacence
③ deviation ④ neutralization

131

The aggressive stance of the opposing team was meant to ___________ their rivals, but it only strengthened their resolve to win.

① notice ② codify
③ supplement ④ intimidate

132

Her work was deemed ___________ to that of her peers, even though her approach was different, proving that there are multiple ways to achieve the same results.

① distinctive ② bizarre
③ nimble ④ equivalent

129 ③

난이도

단서 어휘 빈칸 추론 공식 ❷ 역접이나 대조의 내용이 아니라면 맥락에 어울리는 비슷한 어휘 확인

to avoid project delays and setbacks

어휘 bestow 수여[부여]하다, 주다 alleviate 완화시키다, 경감하다
reiterate 반복하다, 되풀이하다 squander 낭비[허비]하다, 함부로 쓰다

해석 회의 중에 관리자는 여러 팀원이 이 중요한 측면을 간과한 것 같아 마감일 준수의 중요성을 되풀이해야 했다.

130 ①

난이도

단서 어휘 빈칸 추론 공식 ❷ 역접이나 대조의 내용이 아니라면 맥락에 어울리는 비슷한 어휘 확인

Before proceeding with the project

어휘 feasibility (실행) 가능성 complacence 자기만족, 안주
deviation 일탈, 탈선 neutralization 중립화, 무효화

해석 프로젝트를 진행하기 전에 그들은 관련된 잠재적 위험과 이점을 결정하기 위해 철저한 실행 가능성 조사를 수행했다.

131 ④

난이도

단서 어휘 빈칸 추론 공식 ❶ 역접 또는 대조의 연결어가 나오면 반대 어휘 확인

but it only strengthened their resolve to win

어휘 notice 알림, 통지, 주의, 주목, 알아차리다, 주목하다 codify 성문화하다
supplement 보충[추가]물, 보충하다, 추가하다 intimidate 겁을 주다, 위협하다

해석 상대 팀의 공격적인 태도는 그들의 경쟁자를 위협하려는 의도였지만, 오히려 그들의 승리 결의를 강화시켰다.

132 ④

난이도

단서 어휘 빈칸 추론 공식 ❶ 역접 또는 대조의 연결어가 나오면 반대 어휘 확인

even though her approach was different

어휘 distinctive 독특한, 특색이 있는 bizarre 이상한, 기괴한
nimble 빠른, 민첩한, 영리한 equivalent 대응물, 상당 어구, 동등한, 상응하는

해석 그녀의 작업은 접근 방식이 달랐음에도 불구하고 동료들의 작업과 동등한 것으로 간주되었고, 동일한 결과를 달성하는 데 여러 가지 방법이 있다는 것을 증명했다.

133

To manage the growing workload, she had to learn to ___________ tasks effectively, ensuring her team members were responsible for specific areas.

① delegate
② curb
③ urge
④ overlap

134

In spite of his outstanding accomplishments, he maintained a sense of ___________, always giving credit to his team and acknowledging their contributions.

① jealousy
② utility
③ predictability
④ humility

135

The ___________ translation allowed participants from different countries to follow the conference in real-time, despite language barriers.

① negligible
② distinct
③ vulnerable
④ simultaneous

133 ①

난이도 IIII

단서 어휘 빈칸 추론 공식 ❷ 역접이나 대조의 내용이 아니라면 맥락에 어울리는 비슷한 어휘 확인

To manage the growing workload ~ ensuring her team members were responsible

어휘 delegate 대표, 사절, 위임하다, 대표로 파견하다 / curb 억제[제한]하다
urge 충동, 욕구 재촉하다, 촉구하다 / overlap 겹치다, 포개다

해석 증가하는 업무량을 관리하기 위해 그녀는 효과적으로 업무를 위임하는 법을 배워야 했고, 팀원들이 특정 영역을 책임지도록 했다.

134 ④

난이도 III

단서 어휘 빈칸 추론 공식 ❶ 역접 또는 대조의 연결어가 나오면 반대 어휘 확인

In spite of his outstanding accomplishments,

어휘 jealousy 질투, 시샘 / utility 유용, 유익
predictability 예측 가능성 / humility 겸손

해석 그의 뛰어난 성취들에도 불구하고, 그는 겸손함을 유지했으며 항상 자신의 팀에게 영광을 돌리고 그들의 기여를 인정했다.

135 ④

난이도 II

단서 어휘 빈칸 추론 공식 ❶ 역접 또는 대조의 연결어가 나오면 반대 어휘 확인

despite language barriers

어휘 negligible 무시해도 될 정도의, 사소한, 하찮은 / distinct 뚜렷한, 명백한
vulnerable 상처 입기 쉬운, 취약한 / simultaneous 동시의

해석 동시 통역 덕분에 서로 다른 국가의 참가자들이 언어 장벽에도 불구하고 실시간으로 회의를 따라갈 수 있었다.

어휘 빈칸 추론 문제 풀이 연습 10회

⏰ 제한시간 문제당 1분

[136~150] 밑줄 친 부분에 들어갈 말로 가장 적절한 것을 고르시오.

136

Due to a genetic ___________ to heart disease, she adopted a healthier lifestyle to minimize her risks and improve her overall well-being.

① deduction
② gratitude
③ production
④ predisposition

137

The accountant was found guilty of attempting to ___________ funds from the company, which severely damaged her reputation and led to her dismissal.

① dignify
② allude
③ disperse
④ embezzle

138

The weather forecast predicted ___________ conditions for the weekend, encouraging many to plan outdoor activities and enjoy the anticipated sunshine.

① miserable
② impudent
③ favorable
④ rough

139

Her ___________ approach to work earned her the respect of her colleagues, who admired her attention to detail and strong work ethic.

① skeptical
② weary
③ conscientious
④ omnivorous

136 ④

난이도

단서 어휘 빈칸 추론 공식 ❷ 역접이나 대조의 내용이 아니라면 맥락에 어울리는 비슷한 어휘 확인

she adopted a healthier lifestyle to minimize her risks

어휘 deduction 공제, 추론, 영역
gratitude 감사
production 생산, 제작, 제조
predisposition 성향, 경향, (병에 걸리기 쉬운) 소질

해석 심장병에 대한 유전적 소질 때문에 그녀는 위험을 최소화하고 전반적인 건강을 개선하기 위해 더 건강한 생활 방식을 채택했다.

137 ④

난이도

단서 어휘 빈칸 추론 공식 ❷ 역접이나 대조의 내용이 아니라면 맥락에 어울리는 비슷한 어휘 확인

which severely damaged her reputation and led to her dismissal

어휘 dignify 위엄을 갖추다, 위엄있게 하다
allude 암시하다, 시사하다, 언급하다
disperse 흩트리다, 퍼트리다
embezzle 횡령하다

해석 회계사는 회사 자금을 횡령하려다 발각되어 그녀의 명성이 크게 훼손되었고 해고에 이르게 되었다.

138 ③

난이도

단서 어휘 빈칸 추론 공식 ❷ 역접이나 대조의 내용이 아니라면 맥락에 어울리는 비슷한 어휘 확인

encouraging many to plan outdoor activities

어휘 miserable 비참한, 불행한
impudent 무례한, 버릇없는
favorable 호의적인, 유리한, 좋은
rough 거친, 사나운

해석 일기예보에서 주말에 좋은 날씨를 예보하여, 많은 사람들이 야외 활동을 계획하고 기대되는 햇빛을 즐기도록 했다.

139 ③

난이도

단서 어휘 빈칸 추론 공식 ❷ 역접이나 대조의 내용이 아니라면 맥락에 어울리는 비슷한 어휘 확인

her colleagues who admired her attention to detail and strong work ethic

어휘 skeptical 의심 많은, 회의적인
weary 몹시 지친, 피곤한, 싫증난
conscientious 양심적인, 성실한
omnivorous 무엇이나 먹는, 잡식성의

해석 그녀의 성실한 근무 태도는 세부 사항에 대한 주의와 강한 직업 윤리를 존경한 동료들의 존경을 받게 했다.

140

Given the rapid technological advancements, automation in various industries seems ___________, which could lead to significant changes in the job market.

① stagnant ② spurious
③ priceless ④ insipid

141

The company sought to ___________ the grievances of its employees; moreover, it implemented new policies to prevent future issues.

① redress ② disgust
③ advocate ④ commend

142

The doctor was ___________ towards his patients, always listening to their concerns; nevertheless, he maintained strict professionalism in his practice.

① severe ② compassionate
③ challenging ④ provisional

143

After evaluating several options, the team concluded that expanding the product line was a _______ strategy for increasing market share.

① feasible ② tenacious
③ somnolent ④ disciplinary

140 ③

난이도

단서 어휘 빈칸 추론 공식 ❷ 역접이나 대조의 내용이 아니라면 맥락에 어울리는 비슷한 어휘 확인

Given the rapid technological advancements ~ meaningful changes

어휘 stagnant 불경기의, 침체된, 활기가 없는
spurious 가짜의, 위조의
priceless 값을 매길 수 없는, 매우 귀중한
insipid 맛[풍미]이 없는, 재미없는

해석 빠른 기술 발전을 고려해 볼 때, 다양한 산업에서의 자동화는 매우 귀중해 보이며, 이는 노동 시장에 의미있는 변화를 초래할 수 있다.

141 ①

난이도

단서 어휘 빈칸 추론 공식 ❷ 역접이나 대조의 내용이 아니라면 맥락에 어울리는 비슷한 어휘 확인

new policies to prevent future issues

어휘 redress 바로잡다, 시정하다, 보상하다
disgust 혐오감, 역겹게 하다
advocate 지지자, 옹호자, 지지하다, 옹호하다
commend 칭찬하다, 추천하다

해석 회사는 직원들의 불만을 시정하려고 노력했으며, 더욱이 앞으로의 문제를 방지하기 위해 새로운 정책을 시행했다.

142 ②

난이도

단서 어휘 빈칸 추론 공식 ❶ 역접 또는 대조의 연결어가 나오면 반대 어휘 확인

nevertheless, he maintained strict professionalism

어휘 severe 심각한, 가혹한, 엄한, 엄격한
compassionate 동정하는, 인정 많은
challenging 도전적인
provisional 임시의, 일시적인, 잠정적인

해석 그 의사는 환자들에게 항상 그들의 걱정을 들어주는 인정 많은 사람이었지만, 그럼에도 불구하고 그의 진료에서 엄격한 전문성을 유지했다.

143 ①

난이도

단서 어휘 빈칸 추론 공식 ❸ 추론 단서가 명확하지 않을 때는 단어를 직접 넣어서 맥락상 적절한 어휘 확인

expanding the product line was a feasible strategy
제품 라인을 확장하는 것이 실현 가능한 전략이다 → 적절함
expanding the product line was a tenacious strategy
제품 라인을 확장하는 것이 고집 센 전략이다 → 어색함
expanding the product line was a somnolent strategy
제품 라인을 확장하는 것이 졸리게 하는 전략이다 → 어색함
expanding the product line was a disciplinary strategy
제품 라인을 확장하는 것이 훈육 하는 전략이다 → 어색함

어휘 feasible 실행 가능한, 가능한
tenacious 고집 센, 완고한
somnolent 졸린, 졸리게 하는
disciplinary 훈육의, 징계의

해석 여러 가지 옵션을 평가한 후, 팀은 제품 라인을 확장하는 것이 시장 점유율을 높이는 데 실행 가능한 전략이라고 결론지었다.

144

Effective communication is ___________ to the success of any project, as it makes sure all team members are aligned and working towards common goals.

① precarious
② subsequent
③ ambivalent
④ crucial

145

His ___________ marketing tactics initially alienated potential customers, but eventually they paid off as the brand gained significant market share.

① aggressive
② discreet
③ legitimate
④ universal

146

To ensure fairness and development, the company decided to ___________ employees through various departments, giving them a chance to learn diverse skills.

① criticize
② rotate
③ devour
④ erode

147

The reduction in tensions due to his ___________ tone during the negotiations allowed both parties to more easily achieve a mutually beneficial agreement.

① conciliatory
② demanding
③ impromptu
④ frivolous

144 ④

난이도

단서 어휘 빈칸 추론 공식 ❷ 역접이나 대조의 내용이 아니라면 맥락에 어울리는 비슷한 어휘 확인

all team members are aligned and working towards common goals

어휘 precarious 불안정한, 위험한
subsequent 그 다음의, 이후의
ambivalent 반대 감정이 양립하는, 양면가치의
crucial 결정적인, 중대한

해석 효과적인 의사소통은 모든 팀원이 일치하고 공통의 목표를 향해 나아가는 것을 확실히 하기 때문에 프로젝트 성공에 중요하다.

145 ①

난이도

단서 어휘 빈칸 추론 공식 ❶ 역접 또는 대조의 연결어가 나오면 반대 어휘 확인

but eventually they paid off as the brand gained significant market share

어휘 aggressive 공격적인, 적극적인
discreet 신중한, 분별 있는
legitimate 합법적인, 정당한, 합법[정당]화하다
universal 보편적인, 일반적인, 전 세계의

해석 그의 공격적인 마케팅 전술은 처음에 잠재 고객을 멀어지게 했지만, 결국 브랜드가 상당한 시장 점유율을 얻으면서 효과를 보았다.

146 ②

난이도

단서 어휘 빈칸 추론 공식 ❷ 역접이나 대조의 내용이 아니라면 맥락에 어울리는 비슷한 어휘 확인

giving them a chance to learn diverse skills

어휘 criticize 비평하다, 비난하다
rotate 회전하다, 교대[순환] (근무를) 하게 하다, 자전하다
devour 게걸스럽게 먹다
erode 침식[풍화]시키다[되다], 약화시키다[되다]

해석 공정성과 성장을 보장하기 위해 회사는 직원들이 다양한 기술을 배울 수 있도록 여러 부서에서 직원들이 순환근무하기로 결정했다.

147 ①

난이도

단서 어휘 빈칸 추론 공식 ❷ 역접이나 대조의 내용이 아니라면 맥락에 어울리는 비슷한 어휘 확인

allowed both parties to more easily achieve

어휘 conciliatory 달래는, 회유하는
demanding 지나친 요구를 하는, 힘든
impromptu 즉흥적인, 즉석의
frivolous 우스운, 경솔한, 하찮은

해석 협상 중 그의 회유적인 어조로 인해 긴장이 완화되었고, 그 결과 양측이 상호 이익이 되는 합의에 더 쉽게 도달할 수 있었다.

148

The editor's ___________ review of the manuscript ensured that the final publication was free of errors.

① mild
② disgraceful
③ asymmetrical
④ scrupulous

149

The board decided to ___________ a new CEO who had a proven track record in turning around struggling companies and driving growth.

① drain
② appoint
③ decay
④ duplicate

150

To _________ itself from competitors, the company emphasized its unique, eco-friendly manufacturing processes in all its marketing campaigns.

① differentiate
② detain
③ attribute
④ disguise

148 ④

난이도

단서 어휘 빈칸 추론 공식 ❷ 역접이나 대조의 내용이 아니라면 맥락에 어울리는 비슷한 어휘 확인

the final publication was free of errors

어휘 mild 가벼운, 온화한
disgraceful 수치스러운, 불명예스러운
asymmetrical 균형이 잡히지 않은, 비대칭의
scrupulous 양심적인, 꼼꼼한

해석 편집자의 꼼꼼한 원고 검토는 최종 출판물이 오류 없이 나올 수 있도록 보장했다.

149 ②

난이도

단서 어휘 빈칸 추론 공식 ❸ 추론 단서가 명확하지 않을 때는 단어를 직접 넣어서 맥락상 적절한 어휘 확인

decided to drain a new CEO 새로운 CEO를 배수하기로 결정했다 → 어색함
decided to appoint a new CEO 새로운 CEO를 임명하기로 결정했다 → 적절함
decided to decay a new CEO 새로운 CEO를 부패시키기로 결정했다 → 어색함
decided to duplicate a new CEO 새로운 CEO를 복사하기로 결정했다 → 어색함

어휘 drain 배수하다, 소모시키다
appoint 임명하다, 지명하다
decay 부패하다
duplicate 복사, 사본, 복사의, 사본의, 복사[복제]하다

해석 이사회는 고전하는 회사를 회생시키고 성장을 이끄는 데 입증된 실적을 가진 새로운 CEO를 임명하기로 결정했다.

150 ①

난이도

단서 어휘 빈칸 추론 공식 ❷ 역접이나 대조의 내용이 아니라면 맥락에 어울리는 비슷한 어휘 확인

the company emphasized its unique

어휘 differentiate 구별짓다, 식별하다, 차별하다
detain 구금하다, 억류하다
attribute 속성, 특질, ~탓으로 하다
disguise 변장, 가장, 변장하다, 위장하다

해석 경쟁사와 차별하기 위해 회사는 모든 마케팅 캠페인에서 독특하고 친환경적인 제조 공정을 강조했다.

어휘 빈칸 추론 문제 풀이 연습 11회

제한시간 문제당 1분

[151~165] 밑줄 친 부분에 들어갈 말로 가장 적절한 것을 고르시오.

151

The thick smoke in the room made it difficult to breathe, causing her to ___________ and seek immediate escape.

① esteem
② suffocate
③ fortify
④ bargain

152

The therapist used various techniques so as to uncover the ___________ issues affecting the patient's mental health.

① cordial
② exquisite
③ latent
④ benevolent

153

The student ___________ the lecture so that she could review the material before the exam.

① transcribe
② distress
③ liberate
④ dilute

154

The antique vase was extremely _________, requiring careful handling to avoid any accidental damage.

① inadvertent
② adaptable
③ fragile
④ naughty

151 ②

난이도

단서 어휘 빈칸 추론 공식 ❷ 역접이나 대조의 내용이 아니라면 맥락에 어울리는 비슷한 어휘 확인

made it difficult to breathe

어휘 esteem 존경[존중]하다 / fortify 강화하다 / suffocate 질식시키다, 숨이 막히다 / bargain 싸게 산 물건, 흥정, 협상[흥정]하다

해석 방 안의 짙은 연기로 인해 숨쉬기가 어려워져 그녀는 숨이 막혀 즉시 탈출하려고 했다.

152 ③

난이도

단서 어휘 빈칸 추론 공식 ❷ 역접이나 대조의 내용이 아니라면 맥락에 어울리는 비슷한 어휘 확인

issues affecting the patient's mental health

어휘 cordial 따뜻한, 다정한 / latent 잠재하는, 숨어있는 / exquisite 매우 아름다운, 정교한 / benevolent 자비로운, 인정 많은, 인자한

해석 치료사는 환자의 정신 건강에 영향을 미치는 잠재적 문제를 밝히기 위해 다양한 기술을 사용했다.

153 ①

난이도

단서 어휘 빈칸 추론 공식 ❷ 역접이나 대조의 내용이 아니라면 맥락에 어울리는 비슷한 어휘 확인

so that she could review the material

어휘 transcribe 기록하다, 옮겨쓰다, 복사하다 / liberate 해방하다, 자유롭게 하다 / distress 고통, 고민, 고통스럽게 하다 / dilute 희석시키다, 약화시키다

해석 학생은 시험 전에 자료를 복습할 수 있도록 강의를 기록했다.

154 ③

난이도

단서 어휘 빈칸 추론 공식 ❷ 역접이나 대조의 내용이 아니라면 맥락에 어울리는 비슷한 어휘 확인

requiring careful handling

어휘 inadvertent 고의가 아닌, 우연한, 부주의한 / fragile 깨지기 쉬운, 약한 / adaptable 적응할 수 있는, 융통성 있는 / naughty 버릇없는, 말을 듣지 않는

해석 그 고풍스러운 병은 매우 깨지기 쉬웠고, 우연한 손상을 피하기 위해 주의 깊게 다뤄야 했다.

155

Despite their promises, the government has not taken ___________ actions to improve healthcare access in rural areas.

① concrete
② stained
③ melancholy
④ rudimentary

156

His ___________ performance in the project contributed significantly to its success and completion ahead of schedule.

① costly
② nomadic
③ proximate
④ exemplary

157

Through hard work and dedication, she managed to _________ fluency in three languages, enhancing her career prospects globally.

① condemn
② reckon
③ acquire
④ alienate

158

With _________, he approached the edge of the cliff, fearing the heights but determined to overcome his fear of falling.

① incentive
② trepidation
③ calmness
④ venom

155 ①

난이도

단서 어휘 빈칸 추론 공식 ❶ 역접 또는 대조의 연결어가 나오면 반대 어휘 확인

Despite their promises

어휘 concrete 구체적인, 실제적인 / stained 얼룩이 묻은, 얼룩진
melancholy 우울한, 서글픈 / rudimentary 기본의, 초보의

해석 약속에도 불구하고 정부는 시골 지역의 건강 관리 접근성을 개선하기 위해 구체적인 조치를 취하지 않았다.

156 ④

난이도

단서 어휘 빈칸 추론 공식 ❷ 역접이나 대조의 내용이 아니라면 맥락에 어울리는 비슷한 어휘 확인

its success and completion

어휘 costly 값비싼, 비용이 많이 드는 / nomadic 유목의, 방랑의
proximate 가장 가까운, 근사한 / exemplary 모범적인, 훌륭한

해석 그의 프로젝트에서의 모범적인 성과는 그 프로젝트의 성공과 예정보다 빠른 완수에 크게 기여했다.

157 ③

난이도

단서 어휘 빈칸 추론 공식 ❷ 역접이나 대조의 내용이 아니라면 맥락에 어울리는 비슷한 어휘 확인

Through hard work and dedication

어휘 condemn 비난하다, 유죄판결을 내리다 / reckon 간주하다, 여기다, 생각하다, 계산하다
acquire 습득하다, 취득하다, 얻다 / alienate ~을 멀리하다, 소원하게 하다

해석 노력과 헌신 덕분에 그녀는 세 개의 언어에 능통함을 얻게 되었으며, 이는 그녀의 글로벌 직업 전망을 향상시켰다.

158 ②

난이도

단서 어휘 빈칸 추론 공식 ❷ 역접이나 대조의 내용이 아니라면 맥락에 어울리는 비슷한 어휘 확인

fearing the heights

어휘 incentive 자극, 유인, 동기 / trepidation 전율, 두려움, 공포
calmness 침착, 냉정 / venom 독, 독성

해석 두려움 속에서 그는 절벽 끝에 다가갔고, 고도를 두려워하면서도 추락에 대한 두려움을 극복하기로 결심했다.

159 The company suffered significant losses due to his __________ financial decisions, which were made without proper analysis or consultation.

① independent
② ubiquitous
③ harmonious
④ reckless

160 The old bridge finally __________ under the weight of the heavy truck, causing traffic chaos and requiring immediate repair.

① perspired
② collapsed
③ consented
④ mitigated

161 The auditor identified a serious __________ in the inventory counts during the annual audit, which required further investigation.

① avidity
② impetus
③ persecution
④ discrepancy

162 The tribe's __________ lifestyle allowed them to explore diverse landscapes and adapt to different environments over generations.

① superficial
② exorbitant
③ underlying
④ nomadic

159 ④

난이도

단서 어휘 빈칸 추론 공식 ❷ 역접이나 대조의 내용이 아니라면 맥락에 어울리는 비슷한 어휘 확인

which were made without proper analysis or consultation

어휘 independent 독립된, 독립한, 독립적인 / ubiquitous 도처에 있는, 어디에나 존재하는
harmonious 조화된, 사이 좋은 / reckless 분별없는, 무모한

해석 그 회사는 그의 적절한 분석이나 상담 없이 내린 무모한 재정 결정으로 인해 상당한 손실을 입었다.

160 ②

난이도

단서 어휘 빈칸 추론 공식 ❷ 역접이나 대조의 내용이 아니라면 맥락에 어울리는 비슷한 어휘 확인

causing traffic chaos and requiring immediate repair

어휘 perspire 땀 흘리다, 노력하다 / collapse 붕괴, 무너짐, 붕괴되다, 무너지다
consent 동의, 일치, 동의하다, 승낙하다 / mitigate 완화시키다, 경감하다

해석 무거운 트럭의 무게 아래 마침내 오래된 다리가 붕괴하여 교통 혼잡을 초래하고 즉각적인 수리가 필요했다.

161 ④

난이도

단서 어휘 빈칸 추론 공식 ❷ 역접이나 대조의 내용이 아니라면 맥락에 어울리는 비슷한 어휘 확인

which required further investigation

어휘 avidity (열렬한) 욕망, 갈망, 탐욕 / impetus 자극, 추동력
persecution 박해, 학대, 괴롭힘 / discrepancy 불일치, 모순

해석 감사인은 연례 감사 중 재고 품목의 수에서 심각한 불일치를 발견했으며, 이는 추가적인 조사가 필요했다.

162 ④

난이도

단서 어휘 빈칸 추론 공식 ❷ 역접이나 대조의 내용이 아니라면 맥락에 어울리는 비슷한 어휘 확인

explore diverse landscapes

어휘 superficial 표면상의, 피상적인 / exorbitant 엄청난, 터무니없는
underlying 근본적인, 기초가 되는 / nomadic 유목의, 방랑의

해석 이민족의 유목적인 생활 방식은 그들이 여러 세대에 걸쳐 다양한 풍경을 탐험하고 다양한 환경에 적응할 수 있게 했다.

163

Certain chemicals can _________ allergic reactions in sensitive individuals, so it is crucial to read product labels carefully.

① induce
② delay
③ digress
④ eradicate

164

The sudden _________ in his behavior raised suspicions among his colleagues, who wondered about the cause behind his change.

① objective
② harassment
③ alteration
④ delinquency

165

She managed to _________ a solution to the complex problem by combining innovative ideas and practical approaches.

① contrive
② vibrate
③ collude
④ reciprocate

163 ①

난이도

단서 어휘 빈칸 추론 공식 ❷ 역접이나 대조의 내용이 아니라면 맥락에 어울리는 비슷한 어휘 확인

sensitive individuals ~ read product labels carefully

어휘 induce 설득하다, 유도하다, 유발[초래]하다
delay 미룸, 연기, 지연, 지체, 미루다, 연기하다
digress 벗어나다, 탈선하다
eradicate 근절하다, 박멸하다

해석 특정 화학물질은 민감한 사람들에게 알레르기 반응을 유발할 수 있으므로, 제품 라벨을 주의 깊게 읽는 것이 중요하다.

164 ③

난이도

단서 어휘 빈칸 추론 공식 ❷ 역접이나 대조의 내용이 아니라면 맥락에 어울리는 비슷한 어휘 확인

who wondered about the cause behind his change

어휘 objective 목적, 목표, 목적의, 객관적인
harassment 괴롭힘, 희롱
alteration 변화, 변경, 개조
delinquency 직무 태만, 의무 불이행, 비행, 과실, 범죄

해석 그의 행동에서 갑작스러운 변화는 동료들 사이에서 의심을 살게 했고, 그 변화의 배경에 대해 궁금해했다.

165 ①

난이도

단서 어휘 빈칸 추론 공식 ❷ 역접이나 대조의 내용이 아니라면 맥락에 어울리는 비슷한 어휘 확인

by combining innovative ideas and practical approaches

어휘 contrive 고안하다, 설계하다
vibrate 흔들리다, 진동하다
collude 공모하다, 결탁하다
reciprocate 교환하다, 보답하다

해석 그녀는 혁신적인 아이디어와 실용적인 접근 방식을 결합하여 복잡한 문제에 해결책을 고안해냈다.

어휘 빈칸 추론 문제 풀이 연습 12회

제한시간 문제당 1분

[166~180] 밑줄 친 부분에 들어갈 말로 가장 적절한 것을 고르시오.

166

The benefits of exercise are often ___________ but we may take time to notice or appreciate them.

① perishable
② innate
③ sagacious
④ tangible

167

She was ___________; however, she never lost her generosity towards others.

① affluent
② altruistic
③ precise
④ destitute

168

He forgot to ___________ his phone overnight, so it died during the morning commute.

① pledge
② charge
③ flatter
④ captivate

169

The _________ child surprised everyone with his advanced reading skills, far beyond his peers' abilities.

① precocious
② selfish
③ hypocritical
④ contentious

166 ④

난이도

단서 어휘 빈칸 추론 공식 ❶ 역접 또는 대조의 연결어가 나오면 반대 어휘 확인

but may take time to notice or appreciate fully

어휘 perishable 썩기 쉬운, 부패하기 쉬운 / innate 타고난, 선천적인
sagacious 총명한, 현명한 / tangible 실체적인, 유형의, 명백한

해석 운동의 이점은 종종 명백하지만, 우리는 그것들을 완전히 알아차리거나 온전히 인식하는 데 시간이 걸릴 수 있다.

167 ④

난이도

단서 어휘 빈칸 추론 공식 ❶ 역접 또는 대조의 연결어가 나오면 반대 어휘 확인

however, she never lost her generosity

어휘 affluent 풍부한, 유복한 / altruistic 이타적인
precise 정확한, 정밀한 / destitute 빈곤한, 결핍된

해석 그녀는 궁핍했지만, 다른 사람들에 대한 관대함을 절대로 잃지 않았다.

168 ②

난이도

단서 어휘 빈칸 추론 공식 ❷ 빈칸 전과 후에 역접이나 대조의 내용이 아니라면 주로 비슷한 의미의 어휘가 정답

it died during the morning commute

어휘 pledge 맹세하다, 서약하다 / charge 청구하다, 비난하다, 책임을 맡기다, 충전하다
flatter 아첨하다 / captivate 매혹하다, 사로잡다

해석 그는 전날 밤에 휴대폰을 충전하는 것을 잊어서 아침 출근길에 그것은 꺼졌다.

169 ①

난이도

단서 어휘 빈칸 추론 공식 ❷ 빈칸 전과 후에 역접이나 대조의 내용이 아니라면 주로 비슷한 의미의 어휘가 정답

with his advanced reading skills, far beyond his peers' abilities

어휘 precocious 조숙한, 어른스러운 / selfish 이기적인
hypocritical 위선의, 위선적인 / contentious 논쟁[토론]을 좋아하는, 논쟁[이론]을 불러일으키는

해석 조숙한 아이는 동료들의 능력을 넘어서는 고급 독해 능력으로 모두를 놀라게 했다.

170

Learning a new language can be challenging, but with practice, the grammar rules become more ___________.

① occasional
② perjorative
③ overwhelmed
④ comprehensible

171

Applicants must demonstrate ___________ written communication skills in order to draft concise and clear reports for senior management.

① proficient
② faulty
③ enduring
④ extrovert

172

The committee decided to ___________ the use of plastic bags in the office to reduce environmental impact.

① proscribe
② yield
③ uphold
④ endorse

173

The Constitution guarantees certain ___________ rights to all citizens, regardless of their background.

① belligerent
② stray
③ immutable
④ bitter

170 ④

난이도

단서 어휘 빈칸 추론 공식 ❶ 역접 또는 대조의 연결어가 나오면 반대 어휘 확인

Learning a new language can be challenging, but

어휘 occasional 가끔의, 때때로의 / pejorative 경멸적인 / overwhelmed 압도된 / comprehensible 이해할 수 있는

해석 새로운 언어를 배우는 것은 도전적일 수 있지만, 연습을 통해 문법 규칙이 더욱 이해할 수 있다.

171 ①

난이도

단서 어휘 빈칸 추론 공식 ❷ 빈칸 전과 후에 역접이나 대조의 내용이 아니라면 주로 비슷한 의미의 어휘가 정답

in order to draft concise and clear reports

어휘 proficient 능숙한, 숙달된 / faulty 결점[결함]이 있는, 불완전한 / enduring 지속적인, 영속하는, 참을성 있는 / extrovert 외향적인 사람, 외향적인

해석 지원자는 고위 경영진을 위한 간결하고 명확한 보고서를 작성하기 위해 능숙한 서면 의사소통 능력을 입증해야 한다.

172 ①

난이도

단서 어휘 빈칸 추론 공식 ❷ 빈칸 전과 후에 역접이나 대조의 내용이 아니라면 주로 비슷한 의미의 어휘가 정답

to reduce environmental impact

어휘 proscribe 금지하다, 배척하다 / yield 산출(량), 수확(량), 산출하다, 양보하다, 항복하다 / uphold 유지시키다, 옹호하다, 지지하다 / endorse 승인하다

해석 위원회는 환경 영향을 줄이기 위해 사무실에서 플라스틱 봉투 사용을 금지하기로 결정했다.

173 ③

난이도

단서 어휘 빈칸 추론 공식 ❷ 빈칸 전과 후에 역접이나 대조의 내용이 아니라면 주로 비슷한 의미의 어휘가 정답

regardless of their background

어휘 belligerent 적대적인, 호전적인 / stray 길 잃은, 길을 잃다 / immutable 불변의, 변하지 않는 / bitter 쓴, 신랄한

해석 헌법은 배경에 관계없이 모든 시민에게 특정한 불변의 권리를 보장한다.

174 The city council decided to ___________ a fine against businesses that violate environmental regulations.

① conserve
② levy
③ sanitize
④ cultivate

175 After the long hike, they stopped at the spring to _________ their water bottles, ensuring they had enough to make it back to the camp.

① plagiarize
② censure
③ replenish
④ commend

176 The historical documents contained ___________ references that required extensive interpretation.

① acute
② obscure
③ diffident
④ sensible

177 The _________ led to widespread layoffs, forcing many to seek new employment opportunities in an increasingly competitive job market.

① conduct
② spot
③ recession
④ trade

174 ②

난이도

단서 어휘 빈칸 추론 공식 ❷ 빈칸 전과 후에 역접이나 대조의 내용이 아니라면 주로 비슷한 의미의 어휘가 정답

a fine against businesses that violate environmental regulations

어휘 conserve 보존[유지]하다, 보호하다 / levy (세금 등을) 부과[징수]하다
sanitize ~을 위생적으로 하다 / cultivate 경작하다, 재배하다

해석 시의회는 환경 규제를 위반하는 기업에게 벌금을 부과하기로 결정했다.

175 ③

난이도

단서 어휘 빈칸 추론 공식 ❷ 빈칸 전과 후에 역접이나 대조의 내용이 아니라면 주로 비슷한 의미의 어휘가 정답

ensuring they had enough

어휘 plagiarize 표절하다 / censure 비난하다, 책망하다
replenish 다시 채우다, 보충하다 / commend 칭찬하다, 추천하다

해석 오랜 하이킹 후, 그들은 샘에서 물병을 다시 채우기 위해 멈춰, 캠프로 돌아갈 충분한 물을 확보했다.

176 ②

난이도

단서 어휘 빈칸 추론 공식 ❷ 빈칸 전과 후에 역접이나 대조의 내용이 아니라면 주로 비슷한 의미의 어휘가 정답

that required extensive interpretation

어휘 acute 극심한, (질병이) 급성의 / obscure 모호한, 이해하기 어려운, 무명의
diffident 자신이 없는, 내성적인, 소심한 / sensible 합리적인, 분별 있는, 현명한

해석 역사적 문서에는 깊은 해석이 필요한 모호한 언급이 포함되어 있었다.

177 ③

난이도

단서 어휘 빈칸 추론 공식 ❷ 빈칸 전과 후에 역접이나 대조의 내용이 아니라면 주로 비슷한 의미의 어휘가 정답

led to widespread layoffs

어휘 conduct 행동, 수행, 지휘하다, 행동하다, 실시하다 / spot 점, 얼룩, 발견하다, 찾다
recession 물러남, 경기, 불경기 / trade 거래, 교역, 거래하다

해석 불경기는 광범위한 해고를 초래하여 많은 사람들이 점점 더 경쟁이 치열해지는 취업 시장에서 새로운 일자리를 찾아야 했다.

178

The manual ___________ users on how to assemble the furniture, but some find the instructions confusing.

① provoke
② stream
③ instruct
④ curtail

179

The judge ___________ the defense attorney on her persuasive arguments in the courtroom, acknowledging her thorough preparation.

① associated
② complimented
③ absorbed
④ compromised

180

The film director knows how to ___________ the talents of his actors to create compelling performances.

① restrain
② recede
③ dilute
④ exploit

178 ③

난이도

단서 어휘 빈칸 추론 공식 ❶ 역접 또는 대조의 연결어가 나오면 반대 어휘 확인

but some find the instructions confusing

어휘 provoke 화나게 하다, 유발하다, 선동하다
instruct 지시하다, 가르치다
stream 흐름, 개울, 줄줄 흐르다, 줄줄이 이동하다
curtail 줄이다, 축소하다, 삭감하다

해석 설명서는 사용자들에게 가구 조립 방법을 가르쳐 주지만, 일부 사람들은 그 지시사항이 혼란스럽다고 생각한다.

179 ②

난이도

단서 어휘 빈칸 추론 공식 ❷ 빈칸 전과 후에 역접이나 대조의 내용이 아니라면 주로 비슷한 의미의 어휘가 정답

acknowledging her thorough preparation

어휘 associate 연상하다, 결부짓다, 어울리다
absorb 흡수하다, 받아들이다
compliment 칭찬하다, 증정하다
compromise 타협(하다), 화해(하다), 양보(하다)

해석 판사는 법정에서 변호사의 설득력 있는 주장을 칭찬하며 그녀의 철저한 준비를 인정했다.

180 ④

난이도

단서 어휘 빈칸 추론 공식 ❷ 빈칸 전과 후에 역접이나 대조의 내용이 아니라면 주로 비슷한 의미의 어휘가 정답

to create compelling performances

어휘 restrain 억제하다, 제지하다
dilute 희석시키다, 약화시키다
recede (서서히) 물러나다[멀어지다], 약해지다, 희미해지다
exploit 이용하다, 개발하다, 착취하다

해석 그 영화 감독은 배우들의 재능을 이용해 매혹적인 연기를 만들어낸다.

MEMO

Part

03

공무원 실무 어휘 마스터

어휘 빈칸 추론 연습 문제 **13**회 – 181번 ~ 200번

공무원 실무 어휘 마스터

어휘 빈칸 추론 문제 풀이 연습 13회

제한시간 문제당 1분

[181~200] 밑줄 친 부분에 들어갈 말로 가장 적절한 것을 고르시오.

181 Residents signed a ________ urging the local government to improve road safety measures.

① sovereignty ② surveillance
③ petition ④ superstition

182 Due to unexpected financial difficulties, they are struggling to keep up with their monthly ________ payments.

① hallmark ② mortgage
③ placement ④ reinforcement

183 The government introduced regulations to prevent any single company from gaining a ________ in the telecommunications market.

① monopoly ② assistance
③ fortress ④ companion

184 The rainforest is a complex ________ that supports a diverse range of plant and animal species.

① aquaculture ② security
③ ecosystem ④ aviation

181 ③

난이도

단서 어휘 빈칸 추론 공식 ❷ 빈칸 전과 후에 역접이나 대조의 내용이 아니라면 주로 비슷한 의미의 어휘가 정답

Residents signed ~ to improve road safety measures

어휘 sovereignty 주권, 통치권
surveillance 감시, 감독
petition 청원(서), 탄원(서), 청원[탄원]하다
superstition 미신

해석 주민들은 도로 안전 조치를 개선하도록 지자체에 촉구하는 청원서에 서명했다.

182 ②

난이도

단서 어휘 빈칸 추론 공식 ❷ 역접이나 대조의 내용이 아니라면 맥락에 어울리는 비슷한 어휘 확인

Due to unexpected financial difficulties

어휘 hallmark 품질 보증 마크, 특징
mortgage 대출, 융자, 저당 잡히다
placement 직업소개, 설치, 배치
reinforcement 강화, 증원

해석 예상치 못한 재정적 어려움 때문에 그들은 매달 대출 상환금을 내는 데 어려움을 겪고 있다.

183 ①

난이도

단서 어휘 빈칸 추론 공식 ❷ 역접이나 대조의 내용이 아니라면 맥락에 어울리는 비슷한 어휘 확인

The government introduced regulations to prevent

어휘 monopoly 독점(권), 전매(권)
assistance 도움, 원조 지원
fortress 성벽, 요새
companion 동반자, 동행, 친구

해석 정부는 어떤 단일 회사가 통신 시장에서 독점권을 가지는 것을 방지하기 위해 규제를 도입했다.

184 ③

난이도

단서 어휘 빈칸 추론 공식 ❷ 역접이나 대조의 내용이 아니라면 맥락에 어울리는 비슷한 어휘 확인

supports a diverse range of plant and animal species

어휘 aquaculture 양식(업)
security 안보, 보안
ecosystem 생태계
aviation 항공(술), 비행

해석 열대우림은 다양한 식물과 동물 종을 지원하는 복잡한 생태계이다.

185

The city council implemented a new ___________ system to manage the increasing amount of electronic waste generated by residents.

① amendment
② disposal
③ allocation
④ adoption

186

Effective crime ___________ requires not only strong law enforcement but also community engagement and preventive measures.

① deflation
② longevity
③ administration
④ deterrence

187

Engineers are working on a project to expand the capacity of the ___________ to prevent future water shortages.

① perjury
② offender
③ supervision
④ reservoir

188

The government has decided to ___________ renewable energy projects to reduce the country's carbon footprint.

① subsidize
② bruise
③ rehabilitate
④ reclaim

185 ②

난이도

단서 어휘 빈칸 추론 공식 ❷ 역접이나 대조의 내용이 아니라면 맥락에 어울리는 비슷한 어휘 확인

to manage the increasing amount of electronic waste

어휘 amendment 개정, 수정 / disposal 처리, 처분
allocation 할당, 분배, 배급 / adoption 입양, 채택

해석 시의회는 주민들이 배출하는 증가하는 전자 폐기물을 관리하기 위해 새로운 처리 시스템을 도입했다.

186 ④

난이도

단서 어휘 빈칸 추론 공식 ❷ 역접이나 대조의 내용이 아니라면 맥락에 어울리는 비슷한 어휘 확인

requires not only strong law enforcement but also ~ preventive measures

어휘 deflation 디플레이션, 통화 수축, 물가 하락 / longevity 장수, 수명
administration 행정(부), 관리, 집행 / deterrence 제지, 저지, 억제

해석 효과적인 범죄 억제는 강력한 법 집행뿐만 아니라 지역 사회의 참여와 예방 조치도 필요하다.

187 ④

난이도

단서 어휘 빈칸 추론 공식 ❹ 빈칸을 포함한 절에 부정어가 있는 경우 내가 생각한 답과 반대 어휘 확인

prevent future water shortage

어휘 perjury 위증(죄) / offender 범죄자, 나쁜 짓을 하는 사람
supervision 관리, 감독, 감시 / reservoir 저수지, 급수장, 비축, 저장

해석 엔지니어들은 미래의 물 부족을 방지하기 위해 저수지의 용량을 확장하는 프로젝트를 진행하고 있다.

188 ①

난이도

단서 어휘 빈칸 추론 공식 ❷ 역접이나 대조의 내용이 아니라면 맥락에 어울리는 비슷한 어휘 확인

to reduce the country's carbon footprint

어휘 subsidize 보조금을 지급하다, 원조하다 / bruise 타박상을 입히다, 타박상
rehabilitate 재활치료를 하다, 회복시키다 / reclaim 매립하다, 개간하다, 되찾다

해석 정부는 국가의 탄소 발자국을 줄이기 위해 재생 에너지 프로젝트에 보조금을 지급하기로 결정했다.

189

The scientists achieved a major ___________ in cancer research, bringing new hope to patients worldwide.

① vendor ② breakthrough
③ bachelor ④ embassy

190

The two countries held talks to discuss the ___________ of the Korean Peninsula, aiming for lasting peace in the region.

① landmark ② probation
③ voucher ④ denuclearization

191

Companies must ensure ___________ with environmental regulations to avoid considerable fines and legal issues.

① juvenile ② prevention
③ compliance ④ descendant

192

The new policy aims to make all government agencies more ___________ and transparent in their operations.

① accountable ② laborious
③ disadvantaged ④ intermittent

189 ②

난이도

단서 어휘 빈칸 추론 공식 ❷ 역접이나 대조의 내용이 아니라면 맥락에 어울리는 비슷한 어휘 확인

bringing new hope to patients

어휘 vendor 행상인, 노점상, 판매 회사 / breakthrough 돌파구, 획기적 발전
bachelor 학사 (학위), 미혼 남자 / embassy 대사관, 사절단

해석 과학자들은 암 연구에서 주요한 돌파구를 마련하여 전 세계 환자들에게 새로운 희망을 가져다 주었다.

190 ④

난이도

단서 어휘 빈칸 추론 공식 ❷ 역접이나 대조의 내용이 아니라면 맥락에 어울리는 비슷한 어휘 확인

aiming for lasting peace

어휘 landmark 주요 지형지물, 역사적인 건물[장소] / probation 보호 관찰, 집행 유예, 근신
voucher 상품권, 할인권 / denuclearization 비핵화

해석 두 나라는 한반도의 비핵화를 논의하기 위해 회담을 열어 지역의 지속적인 평화를 목표로 했다.

191 ③

난이도

단서 어휘 빈칸 추론 공식 ❷ 역접이나 대조의 내용이 아니라면 맥락에 어울리는 비슷한 어휘 확인

avoid hefty fines and legal issues

어휘 juvenile 청소년의, 청소년 / prevention 예방, 방지
compliance 준수, 따름 / descendant 자손, 후손, 후예

해석 기업들은 상당한 벌금과 법적 문제를 피하기 위해 환경 규제에 대한 준수를 확실하게 해야 한다.

192 ①

난이도

단서 어휘 빈칸 추론 공식 ❷ 역접이나 대조의 내용이 아니라면 맥락에 어울리는 비슷한 어휘 확인

and transparent in their operations

어휘 accountable 책임이 있는 / laborious 힘든, 곤란한
disadvantaged 사회적으로 혜택을 받지 못한 / intermittent 간헐적인, 간간이 일어나는

해석 새로운 정책은 모든 정부 기관이 더 책임감 있고 투명하게 운영되도록 하는 것을 목표로 한다.

193 The library subscribes to a wide range of ___________ covering various topics, from economics to environmental studies.

① powerhouses
② amphibians
③ catalysts
④ periodicals

194 International travelers are required to undergo ___________ upon arrival to ensure they are not carrying infectious diseases.

① salvage
② rebel
③ patrol
④ quarantine

195 Health ___________ coverage is essential for ensuring access to medical services without financial burden.

① insurance
② coordination
③ regulation
④ productivity

196 Legal principles hold that ___________ in a crime can lead to criminal liability even if the person did not directly commit the act.

① transfusion
② subsidy
③ complicity
④ lethargy

193 ④

난이도

단서 어휘 빈칸 추론 공식 ❷ 역접이나 대조의 내용이 아니라면 맥락에 어울리는 비슷한 어휘 확인

covering various topics, from economics to environmental studies

어휘 powerhouse 발전소, 원동력, 실세 집단 / amphibian 양서류
catalyst 촉매, 기폭제 / periodical 정기 간행물(특히 학술지), 정기 간행의

해석 도서관은 경제부터 환경 연구까지 다양한 주제를 다루는 다양한 정기 간행물을 구독하고 있다.

194 ④

난이도

단서 어휘 빈칸 추론 공식 ❷ 역접이나 대조의 내용이 아니라면 맥락에 어울리는 비슷한 어휘 확인

not carrying infectious diseases

어휘 salvage 구조, 인양, 구조하다 / rebel 반역자, 반란, 반항하다, 저항하다
patrol 순찰, 순시, 순찰[순시, 순회]하다 / quarantine 격리, 검역, 격리하다

해석 국제 여행객은 감염병을 옮기지 않도록 입국 시 검역을 받아야 한다.

195 ①

난이도

단서 어휘 빈칸 추론 공식 ❷ 역접이나 대조의 내용이 아니라면 맥락에 어울리는 비슷한 어휘 확인

access to medical services without financial burden

어휘 insurance 보험, 보험금 / coordination 조정, 일치, 합동, 조화, 조직(화)
regulation 규정, 규제, 단속 / productivity 생산성

해석 건강 보험 담보범위는 재정적 부담 없이 의료 서비스에 접근할 수 있도록 보장하는 데 필수적이다.

196 ③

난이도

단서 어휘 빈칸 추론 공식 ❶ 역접 또는 대조의 연결어가 나오면 반대 어휘 확인

even if the person did not directly commit the act

어휘 transfusion 수혈, 주입 / subsidy (국가의) 보조금, 장려금
complicity 공모, 연루, 공범 / lethargy 무기력

해석 법적 원칙에 따르면 범죄의 연루는 직접 행위를 하지 않았더라도 형사 책임을 초래할 수 있다.

197

_________ agriculture focuses on maintaining soil fertility, conserving water resources, and minimizing the use of chemical inputs.

① Bilateral
② Fiscal
③ Sustainable
④ Autonomous

198

The _________ in the government budget enabled investments in infrastructure and social programs.

① debris
② handicraft
③ surplus
④ radiation

199

The company agreed to provide _________ to customers affected by the product recall.

① recommendation
② compensation
③ entrepreneur
④ purifier

200

The government imposed a new _________ on imported goods to protect local industries.

① vessel
② tariff
③ fertilizer
④ parole

197 ③

난이도

단서 어휘 빈칸 추론 공식 ❷ 역접이나 대조의 내용이 아니라면 맥락에 어울리는 비슷한 어휘 확인

conserving water resources, and minimizing the use of chemical inputs

어휘 bilateral 쌍방의, 양쪽의 / fiscal 국가 재정의, 국고의, 재정상의

sustainable 지속 가능한, 유지 가능한 / autonomous 자주적인, 자치의

해석 지속 가능한 농업은 토양의 비옥성 유지, 물 자원 보존, 화학 물질 사용 최소화에 중점을 둔다.

198 ③

난이도

단서 어휘 빈칸 추론 공식 ❷ 역접이나 대조의 내용이 아니라면 맥락에 어울리는 비슷한 어휘 확인

enabled investments in

어휘 debris 잔해, 쓰레기 / handicraft 수공예(품), 손재주

surplus 과잉, 여분, 흑자 / radiation 방사선, 복사

해석 정부 예산 흑자는 인프라와 사회 프로그램에 투자할 수 있게 했다.

199 ②

난이도

단서 어휘 빈칸 추론 공식 ❷ 역접이나 대조의 내용이 아니라면 맥락에 어울리는 비슷한 어휘 확인

customers affected by the product recall

어휘 recommendation 권고, 추천, 추천장[서] / compensation 보상, 이득

entrepreneur 기업가, 사업가 / purifier 정화 장치

해석 회사는 제품 회수로 영향을 받은 고객들에게 보상을 제공하기로 합의했다.

200 ②

난이도

단서 어휘 빈칸 추론 공식 ❷ 역접이나 대조의 내용이 아니라면 맥락에 어울리는 비슷한 어휘 확인

on imported goods to protect local industries

어휘 vessel 선박, 배, 그릇 / tariff 관세, 세율, ~에 관세를 매기다[부과하다]

fertilizer 비료 / parole 가석방, 가석방하다

해석 정부는 국내 산업을 보호하기 위해 수입품에 새로운 관세를 부과했다.

진가영

주요 약력

現) 박문각 공무원 영어 온라인, 오프라인 대표교수
서강대학교 우수 졸업
서강대학교 영미어문 심화 전공
중등학교 정교사 2급 자격증
단기 공무원 영어 전문 강의(개인 운영)

주요 저서

진가영 영어 신경향 독해 기본다지기[신독기](박문각)
진가영 영어 신경향 독해 마스터 시즌 1 [신독마](박문각)
진가영 영어 신경향 어휘 마스터(박문각)
진가영 영어 단기합격 문법 All In One(박문각)
진가영 영어 단기합격 독해 All In One(박문각)
진가영 영어 단기합격 VOCA(박문각)
진가영 영어 기출문제집 문법·어휘(박문각)
진가영 영어 기출문제집 반한다 독해(박문각)
진가영 영어 독해 끝판왕[독판왕](박문각)
진가영 영어 문법 끝판왕[문판왕](박문각)
진가영 영어 진독기 구문독해 시즌1(박문각)
진가영 영어 단판승 문법 적중 킬포인트 100(박문각)
진가영 영어 단판승 생활영어 적중 70(박문각)
진가영 영어 적중 하프 모의고사(박문각)
2024 박문각 공무원 봉투모의고사(박문각)

진가영 영어 ✧✦ 신경향 어휘 마스터

초판 발행 2024. 7. 15. | **2쇄 발행** 2024. 8. 12. | **편저자** 진가영
발행인 박 용 | **발행처** (주)박문각출판 | **등록** 2015년 4월 29일 제2019-000137호
주소 06654 서울시 서초구 효령로 283 서경 B/D 4층 | **팩스** (02)584-2927
전화 교재 문의 (02)6466-7202

저자와의 협의하에 인지생략

정가 11,000원
ISBN 979-11-7262-116-2